DON BOSCO

Liebe Leserin, lieber Leser,

als Käufer dieses Buchs erhalten Sie im Internet kostenloses Zusatzmaterial zum Download. Halten Sie den unten abgedruckten Zugangscode bereit und gehen Sie auf **www.donbosco-medien.de**

Klicken Sie dort auf „Meine Bonus-Seite" und geben den Code ein.
Sie können nun gratis Ihr Zusatzmaterial downloaden.

Mit freundlichen Grüßen
Ihr

Don Bosco Verlag

Bzh5FPRe

Helga Gruschka • Susanne Brandt

# Mein Kamishibai

## Das Praxisbuch zum Erzähltheater

**Gerne nehmen wir Ihre Anregungen, Wünsche, Kritik oder Fragen entgegen:**
Don Bosco Medien GmbH, Sieboldstraße 11, 81669 München
Servicetelefon: (0 89) 4 80 08-3 41

Bibliografische Information der Deutschen Nationalbibliothek

Die Deutsche Nationalbibliothek verzeichnet diese Publikation
in der Deutschen Nationalbibliografie; detaillierte bibliografische
Daten sind im Internet über http://dnb.d-nb.de abrufbar.

1. Auflage 2012 / ISBN  978-3-7698-1957-1
© 2012 Don Bosco Medien GmbH, München
www.donbosco-medien.de
Umschlag und Layout: ReclameBüro, München
Illustrationen: Petra Lefin
Notensatz: Nikolaus Veeser, Schallstadt
Satz: Don Bosco Kommunikation GmbH, München
Druck: Don Bosco Druck & Design, Ensdorf

Gedruckt auf umweltfreundlichem Papier

# Inhalt

7     Vorwort

9     Kamishibai – Was ist das genau?

15    Ein Bild sagt mehr als tausend Worte

18    Erzählen mit Krippenkindern
       19    Bilder wecken Aufmerksamkeit
       20    Bilder werden lebendig

26    Erzählen mit Kindergartenkindern
       26    Erste Geschichten erzählen mit Bildkartensets
       32    Reihengeschichten machen es möglich

40    Erzählen mit Vorschulkindern und Schulanfängern
       40    Altersgerechtes Geschichtenerzählen mit Bildkartensets
       43    Mit Kindern Märchen und Geschichten gliedern, gestalten und
                erste Erzähltalente fördern
       49    Der Geschichtenbaukasten

**63 Erzählen mit Grundschulkindern**

64 Geschichtenbaumeister werden
75 Legenden, Mythen, Heldensagen

**80 Forschen, entdecken und gestalten mit dem Kamishibai**

80 Die Geheimnisse des Lebens entdecken
85 Töne malen – Farben tanzen. Musik entdecken mit dem Kamishibai
93 Lauschen und Staunen in der Kinderkirche
98 Balladen und Bücherwelten. Literatur entdecken mit dem Kamishibai
106 Zeichengeschichten – überraschende Türöffner für Märchen und Sachthemen

**113 Ein paar Worte zum Schluss**

**114 Literatur**

# Vorwort

*„Das Wesentliche, was wir von Menschen kennen, scheinen ihre Geschichten und die Geschichten um sie zu sein." (Wilhelm Schapp)*

Können Sie sich ein Leben ohne Geschichten vorstellen? Wir lernen durch Geschichten viel über andere Menschen, über unser Zusammenleben in der Welt – und über uns selbst. Zugleich aber will Geschichten erzählen und Geschichten verstehen auch gelernt sein. Jede Kulturtechnik braucht zum Überleben eine regelmäßige Pflege, einen lebendigen, lustvollen und schöpferischen Umgang damit – das gilt für das Erzählen von Geschichten in einer Zeit der multimedialen Informationsvermittlung in besonderer Weise.

Um lebendige Geschichten und um eine besonders reizvolle Form des Erzählens geht es auch in diesem Buch. Es richtet sich an Pädagogen/innen in Krippen- und Kindertageseinrichtungen, Grundschullehrer/innen, Bibliotekaren/innen, Religionspädagogen/innen, Eltern und Großeltern, die in Ihrem Alltag mit Kindern von 2 bis 10 Jahren deren Freude am Sprechen, die Kraft der inneren Bilder und die Lust an schöpferischer Fantasie wecken und anregen möchten.

Auf vielfältige Weise kommt dabei ein altes und bis heute weltweit verbreitetes Instrument der bildgestützten Erzählkunst zum Einsatz: das Kamishibai.

Ein Kamishibai (japanisch Papiertheater) ist ein Erzähltheater: ein Wechselrahmen mit Türen davor, der oben geöffnet ist und zwischen den Leisten so viel Platz bietet, dass mehrere Bilder als Stapel hinein gestellt, im Rahmen betrachtet und nacheinander wieder heraus gezogen werden können. Die Aufmerksamkeit der Zuhörer und Zuschauer wird so auf den bildlich dargestellten Kern der gesprochenen Worte gelenkt. Der siebenjährige Jakob drückte es so aus: *„Ein Kamishibai ist wie Fernsehen ohne Strom"*.

Umgekehrt dienen die so mit dem Rahmen fokussierten Bilder dem erwachsenen und dem kindlichen Erzähler als Gedächtnisstützen für die eigenen inneren Bilder. Das Kamishibai verstärkt also sowohl die äußeren als auch die inneren Bilder in ihrer Wirkung. Die Wechselwirkung lässt ein *Kino im Kopf* entstehen, unterstützt das freie mündliche Erzählen und führt von der vorbereiteten Geschichte zur eigenen Sprache.

Angefangen beim „Erzählen mit Krippenkindern" bis hin zur Arbeit mit altersgemischten Gruppen ab Vor- und Grundschulalter und darüber hinaus, vermittelt dieses Buch eine Fülle von praktischen Ideen und Methoden, um Kinder altersgerecht, spielerisch und ganzheitlich, im Sinne von *mit allen Sinnen* in die wunderbare Welt der Sprache einzuführen. Der Weg zum genussvollen Spracherwerb führt vom Hören von Worten über das Nachahmen von Sätzen über Spielen und Verstehen kleiner Episoden bis hin zum selber Erfinden und Erzählen von Geschichten.

In der Kindertageseinrichtung oder Schule, in der Bücherei, Kirchengemeinde oder in der Begegnung der Generationen ergeben sich immer wieder andere Themen und Erzählanlässe, für die das Kamishibai ganz verschiedene Gestaltungsmöglichkeiten bereithält.

Einige davon werden Sie in den detaillierten Beschreibungen der folgenden Kapitel exemplarisch kennen lernen. Zu verstehen sind diese als kreative Praxisanregungen und weniger als *Rezepte*, die nur so und nicht anders gelingen! Immer handelt es sich dabei um die Weitergabe von Erfahrungswissen, um Prozesse, die offen bleiben für Variationen und Abwandlungen, die sich aus der jeweiligen Situation, Zielsetzung oder Spontanität ergeben können.

Über die ausführlich erläuterten Ideen hinaus finden Sie als Anregung zum Ausprobieren weitere Tipps und Hinweise in Kurzform. Denn am Ende dieses Buches sind die Möglichkeiten des Kamishibais noch lange nicht ausgeschöpft.

Überall dort, wo Menschen einander etwas zu erzählen haben, wo Erfahrungen, Gefühle und Entdeckungen in Sprache und Bild nach Ausdruck und Gestaltung suchen, bietet das Kamishibai einen Rahmen, der Orientierung und Konzentration bewirkt, Strukturen und Entwicklungen sichtbar macht – und dabei in seinen praktischen Einsatzformen erstaunlich frei und nahezu unbegrenzt scheint.

Fangen Sie einfach an!

*Helga Gruschka und Susanne Brandt*

# Kamishibai – Was ist das genau?

Von seiner zusammengesetzten Wortbedeutung her ist das Wort *Kamishibai* am besten mit *Papiertheater* (kami = Papier, shibai = Theater) zu übersetzen. Damit sind tatsächlich zwei wesentliche Eigenschaften benannt: Papier ist immer mit im Spiel, und zwar in Form von stabilen Bildkarten oder -streifen, mit denen einzelne Szenen eines Geschehens illustriert werden. Und der bühnen-artige Kamishibai-Rahmen, in dem die szenischen Bilder in besonderer Weise zur Geltung kommen wie auch die engagierte Präsenz des Erzählers, lassen tat-sächlich an eine Theatersituation denken. Das Wort *Papiertheater* findet in unse-rem Sprachgebrauch jedoch eher Verwendung für Spielformen mit beweglichen Papierfiguren. Diese aber bilden bei der Arbeit mit dem Kamishibai nur eine von vielen möglichen Varianten.

In Deutschland ist daher auch das Wort *Erzähltheater* für Kamishibais geläufig. Denn charakteristisch für ein Kamishibai ist das Erzählen oder Vorlesen zu ste-henden Bildern, die im Verlauf einer Geschichte wechseln, nach und nach in Ruhe wirken und die Kraft der inneren Bilder stützen können.

Im Ursprungsland Japan erlebte das Kamishibai in der ersten Hälfte des 20. Jahrhunderts als populäres *Straßenvergnügen* eine Blütezeit: Dort gehörten Kamishibai-Rahmen aus Holz zur Ausstattung von *rollenden Süßigkeiten-Buden*. *Kamishibai-Männer* fuhren mit ihren Fahrrädern über Land, riefen mit klappern-den Holzklötzen die Kinder herbei, präsentierten dann mit Papierbildern im Kamishibai eine Geschichte und kurbelten so den Verkauf ihrer Süßigkeiten an. Das Kamishibai in seiner *Straßenkino-Form* der reisenden Händler verlor mit der wachsenden Beliebtheit von Fernsehgeräten in den 1950er an Attraktivität – bis die Internationale Kinderbuchmesse in Bologna rund 25 Jahre später das Thema neu unter Vermittlern von Kinderliteratur ins Gespräch brachte. Dadurch wurde das Kamishibai vor allem in einigen Ländern Europas und den USA bekannt und weckte Ideen für neue Einsatzmöglichkeiten.

Nicht zuletzt in Folge der im Jahr 2000 erstmals durchgeführten PISA-Studie als internationaler Bildungsstand-Vergleich, hat in den letzten 10 Jahren auch in Deutschland die Bedeutung einer früh beginnenden Sprach- und Leseförderung an Gewicht und Aufmerksamkeit gewonnen. Im Zuge der vielfältig dazu entwickelten Programme und Angebote erlebt die Vorlese- und Erzählkultur besonders im Kontext von Früherziehung, Schule und Bibliothek eine spürbare Aufwertung und Neubesinnung. Wirkungsvolle und zugleich leicht einsetzbare Materialien wie das Kamishibai spielen hierbei eine wichtige Rolle.

Das Wort Kamishibai beschreibt also von seinem Ursprung her bis heute ein mobiles Medium für die Vermittlung von Geschichten und Informationen durch bildgestütztes Erzählen. Wie bei jedem Medium – heißt es nun Fernseher, Computer, Radio oder Buch – lassen sich Eigenschaften und Chancen nennen, die das Besondere dieses Mediums ausmachen.
Gleichzeitig stellt sich die Frage, wie Menschen dieses Medium für ihre Anliegen nutzen. Und nicht zuletzt sind Charakter, Qualität und Botschaft der vermittelten Inhalte, hier also der Geschichten und Bilder, von entscheidender Bedeutung.

Dieses Buch will und kann nicht im umfassenden Sinne beantworten, was man mit einem Kamishibai alles machen kann. Vielmehr werden die besonderen Eigenschaften dieses Mediums in Verbindung mit der Kunst des Erzählens, bezogen auf verschiedene Stufen der kindlichen Entwicklung beleuchtet, verschiedene *alltagstaugliche* Einsatzmöglichkeiten in Kinderkrippe und -garten, Schule, Bibliothek und Kirchengemeinde an praktischen Beispielen beschrieben und so in einem Schnittbereich zwischen Erzählkunst, literarischer und ästhetischer Bildung die Möglichkeiten dieses Mediums in vielen Facetten erschlossen. Die vorgestellten Praxisbeispiele und bewährten Erfahrungen zeigen Wege auf – öffnen aber zugleich viele Freiräume für vielleicht ganz andere Zugänge und Ideen.

Es lassen sich vier charakteristische Eigenschaften und Chancen des Kamishibais nennen, die den besonderen Reiz dieses Mediums, seine Nutzung und Verbreitung mit beeinflussen:

## 1. Das Kamishibai führt Menschen und Talente zusammen

Die szenische Erzählweise mit dem Kamishibai eröffnet besondere Chancen für kreative und ästhetische Gruppenerlebnisse – beim Zuschauen ebenso wie beim Gestalten und Vorführen. Von der Bildgestaltung bis hin zum Erzählen lassen sich viele verschiedene Talente für die Darstellung einer Geschichte mit dem Kamishibai nutzen: malen, zeichnen, sprechen, singen, Geschichten erfinden, spielen, dichten, schreiben, fantasieren …
Respekt und Anerkennung für verschiedene Ideen und Ausdrucksformen, gegenseitiges Zuhören und Vertrauen, Behutsamkeit im Umgang mit Gefühlen, ebenso die Freude am gemeinsamen Ergebnis und am ästhetischen Erlebnis bringen viele soziale Aspekte mit ins Spiel und leisten einen wichtigen Beitrag zur Sprachförderung im ganzheitlichen Sinne.

## 2. Bilder sind gute Begleiter

Das Nebeneinander von Bildmedien und persönlicher Vermittlung bewirkt einen doppelten Effekt: Im Mittelpunkt steht nicht ein *lebloses Medium*, sondern die Vermittlung geschieht dialogisch und persönlich in großer Nähe zu den Zuschauenden und Zuhörenden. Gleichzeitig werden aber auch Erzählhemmungen, Schüchternheit und mögliche Ängste beim freien Sprechen dadurch gemildert, dass sich der oder die Erzählende nicht so *allein* fühlt vor dem Publikum. Die Bilder erweisen sich hier als verlässliche Begleiter, hinter denen sich niemand verstecken muss, neben denen sich aber jeder gestützt fühlen darf.

### 3. Körper-, Bild- und Sprachausdruck entwickeln sich in einem lebendigen Wechselspiel

Körperausdruck, bildkünstlerischer Ausdruck und Sprachausdruck treten bei dem Kamishibai in ein interessantes Wechselspiel, das verschiedene Akzente zulässt, aber nur in guter Balance gelingt. Der oder die Erzählende als Person mit individueller Stimme, Mimik, Gestik und Ausstrahlung ist in diesem Ensemble nicht weniger wichtig als die Botschaft und Sprachqualität des Textes oder die Ausdruckskraft des Bildes.

Dabei ist alles das auf einen Dialog hin ausgerichtet: die Reaktionen der Zuhörenden fließen als Teil des lebendigen Wechselspiels in sprachfördernder Weise mit ein, weil Tempo und Rhythmus des Erzählens mit dem Kamishibai ganz aus der Situation heraus gesteuert werden. Es erfordert tatsächlich ein bisschen Übung, den Bilderwechsel mit dem Kamishibai so flüssig und situationsgerecht zu gestalten, dass aus dem natürlichen Miteinander von Bewegung, Sprache, Bild und Dialog ein stimmiger Gesamteindruck entsteht.

Genau in dieser Übung liegt die besonders sprachfördernde Chance, für sich eine eigene *Erzählweise* zu finden: Wer sich in einer Geschichte und in dem Erzählen mit dem Kamishibai und seiner Bilderwelt *zu Hause* fühlt, wird das auch durch eine entspannte Körperhaltung und Sprachfreude zum Ausdruck bringen, den Menschen als Gegenüber offen begegnen und leicht in einen stimmigen Sprach- und Bildrhythmus finden.

### 4. Das Kamishibai ist mobil und überall einsetzbar

Von den buddhistischen Wandermönchen über die fahrradfahrenden Händler bis hin zu heutigen Erzählern, die mit dem Kamishibai unterm Arm in den Wald ziehen, Platz finden in kleinen Cafés, gemütlichen Lesezimmern oder alten Dorfkirchen – das Kamishibai ist handlich, braucht weder einen Stromanschluss noch motorisierte Transportmittel und ist überall dort ganz unkompliziert zu nutzen, wo Menschen sich in kleinerer oder größerer Runde versammeln.

Egal, ob das Kamishibai nun in erster Lin e als pädagogisches Hilfsmittel oder Kunstform verstanden und genutzt wird, ob mehr das Lernen, Lehren, die Ästhetik oder das Vergnügen im Vordergrund stehen, ob dies in Asien, Lateinamerika, den USA, Europa oder anderswo geschieht – diese vier besonderen Eigenschaften und Chancen des Kamishibais öffnen für alle Länder, Traditionen, Kulturen und Zielsetzungen vielfältige Möglichkeiten. Auch Sie sind eingeladen, diese zu nutzen und nach eigenen Vorstellungen weiterzuentwickeln!

## Kamishibai – Was kann das Erzähltheater?

- Erzählrituale entwickeln und beibehalten
- in die magische Welt der Geschichten entführen
- Erzählatmosphäre schaffen
- Neugier wecken
- ästhetische Bildung von Anfang an aufbauen
- Sprache, Kreativität und Gemeinschaft fördern
- ganzheitliche Sprachförderung
- Bildkommunikation als Initialzündung
- sprachliche Kommunikation unterstützen
- Bild und Hörerfahrung verbinden
- Wahrnehmung und Zuhörbereitschaft schulen
- über äußere Bilder zu inneren kommen und umgekehrt
- dialogisches Erzählen fördern
- Kombination mit theaterpädagogischen Elementen
- zum Denken anregen
- als Gedächtnisstütze fungieren
- wichtigste einer Geschichte zeigen
- übergeordnete Symbole entwickeln
- Gestaltungsfähigkeiten fördern
- Präsentation eigener Geschichten ermöglichen
- Erzählerfahrungen bildgestützt üben
- Persönlichkeitsentwicklung
- Selbstständigkeit und Teamfähigkeit entwickeln
- Wissensvermittlung
- Erzählanlässe anregen

# Ein Bild sagt mehr als tausend Worte

Bilder spielen beim bildgestützten Vorlesen oder Erzählen eine besondere Rolle, sowohl die inneren Bilder, die Kinder beim Hören entwickeln, als auch die Bilder, die ihnen durch Illustrationen dazu konkret vor Augen stehen. Das Kamishibai verstärkt diese Bilder durch seine einzigartigen Eigenschaften:

Der Rahmen lenkt die Aufmerksamkeit auf einzelne Situationen im Verlauf der Geschichte. Zugleich sind aber auch in jeder Phase des Erzählens oder Vorlesens Blickkontakte mit den Kindern, ihre unmittelbare Ansprache und dialogische Einbeziehung möglich. Der oder die Vorlesende oder Erzählende kann sich ungehindert den Kindern zuwenden, weil das Wechseln der Bildkarten mit einer leichten Handbewegung ganz nebenbei geschieht und keine Unterbrechung des Dialogs bedeutet. Das Tempo wird dabei von den Beteiligten selbst bestimmt. So lässt das stehende Bild den Kindern genau die Zeit, die sie brauchen, um tief in die Geschichten einzutauchen, sich die Bilder einzuprägen, eigene Gedanken zu äußern und die Eindrücke mit dem Gehörten und Erdachten zu verbinden. Das stärkt die Erinnerung, erleichtert vor allem jüngeren Kindern die Orientierung im Verlauf des Geschehens und trägt insgesamt dazu bei, strukturierende und wiedererkennbare Elemente in einer Handlung zu entdecken.

Das Miteinander von Bild und Wort beim Einsatz des Kamishibais wirft stets die Frage auf, welche Bilder Verwendung finden können und wie sich diese – wenn nicht als fertige Bildkartensets vorhanden – mit und durch die Kinder ohne großen Aufwand gestalten lassen.

Auf der Suche nach passenden Lösungen für die Kamishibai-Bildgestaltung mit Kindern können folgende Überlegungen und Vorschläge eine Hilfe sein:

1. Bei **zeichnerischen und malerischen Techniken** sind **abstrakte Gestaltungen** zu Musik, Geräuschen, Gefühlen, Landschaften u. ä. ebenso möglich wie gegenständliche Darstellungen zu einzelnen Personen, Orten oder Handlungen der Geschichte. Als Material haben sich Wachsmalkreiden mit guter Deck- und Leuchtkraft auf festem Kartonpapier besonders gut bewährt, da eher großflächige, auch auf Entfernung noch gut sichtbare Darstellungsweisen für das Kamishibai von Vorteil sind.

2. Bei allen Gestaltungsformen sollen die Kinder Gelegenheit haben, ihre **eigenen Bildvorstellungen** zum Text bzw. zum Thema mit einzubringen und ggf. in der Gruppe abzusprechen. Reine Ausmalbilder sind daher nicht zu empfehlen. Neben ganz freien Formen ohne Vorgaben bieten sogenannte Weitermalbilder mit einzelnen vorgegebenen Bildelementen, die von den Kindern frei zu ergänzen und fortzusetzen sind, besonders dort eine Hilfe, wo gewisse Rhythmisierungen im Textverlauf durch wiederkehrende Elemente in der Bildgestaltung eine Entsprechung finden sollen.

3. **Kleine Skizzen** können **als spontane Begleiter** einer erzählten Handlung auch direkt vor den Augen der Kinder entstehen und stellen so wiederum eine eigene interessante Facette im vielfältigen Wechselspiel zwischen Bild und Wort dar. Dabei bietet ein leeres Zeichenblatt im Kamishibai einen für alle gut sichtbaren Malgrund und die Bildentstehung *aus dem Handgelenk* zieht in besonderer Weise die Aufmerksamkeit auf das Geschehen.

4. **Bildmaterialien aus** unterschiedlichen Quellen, wie sie etwa aus alten **Kalenderblättern** oder aus zerschlissenen und ausrangierten **Bilderbüchern** leicht zu beschaffen sind, lassen sich ebenso in den kreativen Prozess mit einbauen oder für **Collagetechniken** verwenden.

5. Kombinationen mit **beweglichen Figuren** (Stoffpüppchen auf Schaschlikspießen) oder **Klappen** vor einem Kamishibai-Bildhintergrund erweitern die gestalterischen und darstellenden Möglichkeiten mit dem Kamishibai, ebenso wie **Transparentbilder**.

6. Mit Rücksicht auf die Gruppensituationen in der Praxis ermöglichen die hier vorgeschlagenen Formen der Bildgestaltung immer eine Beteiligung von mehreren Kindern, die gleichzeitig mit verschiedenen Aufgaben beschäftigt sind.

So vielfältig und frei wie die bildnerischen Gestaltungsformen lassen sich auch die dazu passenden Erzählweisen gestalten: freie bildgestützte Schilderungen zu Sachthemen, spontanes Erzählen im Dialog, die fließende Verbindung von Sprache, Musik und Bildausdruck, das Erfinden, Assoziieren und Beschreiben von Einzelepisoden und Erlebnissen, Liedtextvariationen und die szenische Umsetzung einer Ballade ergänzen hier die Beispiele zu Märchen und Geschichten, die vor allem in den ersten Kapiteln des Buches eine wertvolle Grundlage bilden – und erweitern den kreativen Spielraum des Kamishibais für den schulischen wie außerschulischen Bereich.

# Erzählen mit Krippenkindern

Kinder unter Drei machen eine rasante Sprachentwicklung durch. Noch bevor sie in Zusammenhängen sprechen können, bilden sich durch Hören Vorformen sprachlichen Denkens aus, die sich sukzessiv zu Sprache entwickeln. Geschichten mit dem Kamishibai frei, mündlich und interaktiv erzählt, helfen den Kindern über Bild- und Dingerfahrungen Sprache mit allen Sinnen zu erfahren. Über Hören, Sehen und *„Be-greifen"* entstehen fortlaufend neue Begriffserfahrungen und Erfahrungsbilder. Geschichten, die mit dazu passenden Bildern in einem Kamishibai fokussiert und über Gespräche vermittelt werden, regen die Fantasie und Kreativität der Kinder an und fördern dabei einen differenzierten Sprachgebrauch. Mit Seh-, Hör-, Fühl-, Schmeck- und Riechbilder unterstützen Sie die Sprachentwicklung der Kinder ganzheitlich.

| Alter | Anzahl der Wörter | Sprachvermögen |
|---|---|---|
| bis 1,5 Jahre | bis 25 Wörter | Einwortsätze: „Hund!", „Hund?" |
| 1,5 bis 2 Jahre | bis 250 Wörter | Zweiwortsätze: „Hund essen." 1. Fragealter. |
| 2 bis 2,5 Jahre | bis 500 Wörter | Mehrwortsätze: „Hund Wurst essen." |
| bis 3 Jahre | Kind versteht fast alles | Einfache Sätze: „Hund ist die Wurst." 2. Fragealter. |

Um Kinder unter drei Jahren in ihrer Sprachentwicklung zu unterstützen, integrieren Sie eine *Erzähl-Viertelstunde* in Ihren Wochenplan. Ganz gleich ob Sie diese als Bildbetrachtung, Erzähleinheit oder als *Kino ohne Strom* inszenieren, Sie ermöglichen damit den Kindern, Sprache spielerisch zu erleben und sich anzueignen.

# Bilder wecken Aufmerksamkeit

Der Hirnforscher Prof. Gerald Hüther schreibt in „Kinder gezielt fördern":
*„Kein Pauken. Besser, die Aufmerksamkeit eines Kindes erobern, sein Interesse behutsam auf Menschen, Ereignisse und Gegenstände lenken. Dem kleinen Entdecker dabei helfen, der Welt eine Struktur zu geben."*

## Die Katze

### Ziel
- Aufmerksamkeit und Wahrnehmungsfähigkeit spielerisch schulen und fördern
- Sprachentwicklung unterstützen

### Vorbereitung
- ein Bild mit einer Katze je nach Größe des Kamishibais laminieren, mit etwas Fell bekleben und ins Kamishibai stellen
- Kuscheltiere, z. B. eine flauschige Katzen aus dem Fundus der Einrichtung
- Klanghölzer und Klangschale bereitstellen

Die Kinder sitzen im Halbkreis um ein Kamishibai. Die Klangschale wird angeschlagen und erklingt. Dann öffnen Sie langsam, von Worten und Gestik begleitet, die Türen des Kamishibais. Das Katzenbild erscheint: *„Hallo Katze!".* Nun erzählen Sie etwas über die Katze, z. B.: *„Du bist aber schön! Du hast ein weiches Fell! Deine Ohren sind spitz, deine Pfoten sind rund – man sagt auch Tatzen. Die haben Krallen und können kratzen. Vorsicht! Dein Rücken ist gerade, dein Bauch rund. Dein Schwanz ist buschig. Deine Augen sind grün und schräg, deine Schnurrhaare schwarz und lang."* So erfahren die Kinder über

ein Bild etwas über Farbe, Form und Funktion. Äußere Bilder führen zu inneren Bildern. Erzählen Sie, was Ihnen gerade dazu einfällt. Die Wirkung Ihrer Worte verstärken Sie, indem Sie im Rhythmus Ihrer Stimme – mit sanften Schlägen – abwechselnd auf zwei Klanghölzer schlagen. Ab und zu legen Sie eine Pause ein und streicheln die Katze im Kamishibai und die Kuscheltiere. Die Kinder dürfen auch streicheln. Reden Sie weiter und begleiten Sie Ihre Worte mit den Klanghölzern. Wenn Sie merken, Sie erreichen nicht alle Kinder, dann tun Sie etwas Ungewohntes. Erzeugen Sie statt eines sanften Klangholztones ein anderes, ein unharmonisches Geräusch: Schlagen Sie z. B. laut auf den Tisch. Was ist da los? Für einen Moment schauen alle Kinder auf.

**Weitere Tipps**
Eine Kuh, unterschiedliche Gegenstände wie eine Uhr oder Fahrradklingel, ein menschliches Wesen, z. B. Großmutter eignen sich ebenfalls dazu, Kindern unter Drei Sprache spielerisch und genussvoll erlebbar zu machen.

# Bilder werden lebendig

Oft habe ich beobachtet, wie wenig manchmal Mütter mit ihren kleinen Kindern sprechen. Diverse Male wurde ich Zeuge, dass Mütter über mehrere Haltestellen einer U-Bahnfahrt hinweg nicht ein einziges Wort mit ihren Kindern, auf dem Schoß oder im Kinderwagen, gewechselt haben. Dabei gibt es für Sprechanfänger nichts Besseres als Sprachbäder. Deshalb sollte jede Gelegenheiten genutzt werden, mit Kindern zu sprechen. Ein genussvolles und ganzheitliches Sprachbad ist dabei das dialogische Erzählen mit dem Kamishibai.

## Aus der Praxis

Unser Kamishibai hat seinen festen Platz auf unserem Wandregal im Gruppen-raum. Es hilft Aufmerksamkeit zu erregen, zu bündeln und zu lenken. Genau das richtige für unsere quirligen Krippenkinder, die noch ganz am Anfang ihrer aktiven Weltbegegnung stehen und leicht ablenkbar sind.

Den Auftakt für eine Erzählsituation gibt bei uns eine bunte Holzpuppe, die mit ihren Glöckchen im Bauch ein Lied singt und damit Geschichten ankündigt: „Ping, ping, ping, ich bin die Puppe, ping, ping, ping, ich erzähl euch was – ob kurz oder lang, das ist mir schnuppe, wichtig ist, es macht Spaß.

Diesmal wird die Geschichte vom „Rübchen" erzählt. Bevor ich sie mit dem Kamishibai erzähle, lege ich einige Bildkarten auf den Boden und decke sie mit einem Baumwolltuch zu. Die Kinder sitzen im Halbkreis um die Karten. Nach und nach decken wir die Bildkarten auf und die Kinder sagen was ihnen gerade dazu einfällt. Der Einstieg in die Geschichte ist damit geschafft und ich erzähle sie nun mit dem Kamishibai: der Opa, der eine Rübe herausziehen will, es allein aber nicht schafft und nacheinander die Oma, Enkelkind, Hund und Katze um Hilfe bit-te. Erst als die kleine Maus mithilft lässt sich die Rübe herausziehen. Die Kinder beschreiben – jeder so gut er kann – die Personen und Tiere der Geschichte und geben ihnen Namen. Viel Spaß bereitet den Kindern das gemeinsame herauszie-hen des Rübchens. Dazu haben wir ein Ritual entwickelt, bei dem alle Kinder mit Ächzen und Stöhnen am Rand eines Tuches fest ziehen dürfen. Beim abschlie-ßenden Kopfschütteln sagen wir gemeinsam: „aber das Rübchen konnten sie nicht heraus ziehen!" Wenn das Mäuschen im Kamishibai auftaucht, springt plötzlich das Rübchen, nun eine echte Karotte aus der Erde und alle, die möch-ten, essen sie gemeinsam auf.

→

*Auch die Geschichtenpuppe will ein Stück vom Rübchen bevor sie singt: „Ping, ping, ping, ich bin am Ende. Ping, ping, ping, ich geh nach Haus. Ping, ping, ping, klatscht in die Hände, die Geschichte ist jetzt aus.*

*Beate Östreicher, Krippenpädagogin aus München*

## Der Hund

### Ziel

- alle Sinne anregen
- Sprachentwicklung unterstützen

### Vorbereitung

- ein Bild mit einem Hund je nach Größe des Kamishibais laminieren und mit Fell und etwas Leder bekleben
- Stofftier oder Handpuppe eines Hundes aus dem Fundus der Einrichtung
- mehrere Wurststückchen zum Riechen und Schmecken
- Klanghölzer und Klangschale bereitstellen

Das Bild mit einem Hund laminieren Sie entsprechend der Größe Ihres Kamishibais. Danach bekleben Sie es mit einem Stück Fell, das etwas rauer ist, als das von der Katze. Kleben Sie dem Hund auch ein Stückchen Lederband als Halsband und Leine dazu. Aus dem Fundus Ihrer Einrichtung nehmen Sie einen Stoffhund und eventuell eine Handpuppe Hund hinzu.
Schlagen Sie die Klangschale an und öffnen Sie langsam und betont geheimnisvoll die Türen des Kamishibais. Mit gesenkter Stimme sagen: *„Türen auf!"* und begrüßen den Hund: *„Hallo Hund (Bello, Wasti o. ä.)!"*. Während Sie über das Bild im Kamishibai streichen, erzählen Sie den Kindern etwas über den Hund: *„Du hast aber ein schönes Fell! So weich! Deine Ohren sind lang, deine Pfoten*

*dick! Warum hast du da ein Lederband?"*
Erläutern Sie das Aussehen und die Funktion des Halsbandes und der Leine, z. B.: *„Vor einem Hund an der Leine braucht man keine Angst zu haben!"* o. ä. *„Hast du Hunger? Magst du ein Stückchen Wurst haben? Wau, wau, sagst du! Es riecht gut und schmeckt dir hervorragend! Wau, wau!"* Beschreiben Sie die Ohren, Augen, Schnauze usw. des Hundes und zeigen Sie dabei auf die entsprechenden Stellen im Bild. Lassen Sie die Kinder ein Stückchen Wurst probieren. Begleiten Sie Ihre Worte mit rhythmischen Schlägen auf die Klanghölzer.
Kinder verstehen, je nach Entwicklungsstufe nicht alles, aber jedes Kind nimmt Sprache auf und verarbeitet sie zu inneren Bildern. Seh- und Klangbilder werden miteinander verknüpft, Tast-, Riech- und Schmeckbilder hinzugefügt, Wahrnehmungsbilder geschaffen und Sprache von Anfang an ganzheitlich erfahrbar gemacht.

Halten Sie hin und wieder inne und ahmen Sie den Hund nach: *„Wau, wau!"*. Warten Sie darauf, dass die Kinder beim nächsten Innehalten ebenfalls *„Wau, wau!"* sagen und ermuntern Sie sie dazu. Die Spannung steigern Sie, indem Sie die Handpuppe Hund über dem Kamishibai erscheinen lassen und bellen lassen. Wenn dann die Handpuppe die Pfoten bewegt, *„Kratze, kratze!"* sich am Kopf kratzt und *„Kratze, kratze!"* sagt; die Kinder ihre Hände ebenfalls wie Pfoten bewegen und auch *„Kratze, kratze!"* sagen, dann ergibt sich eine Einheit von Bild, Sprache und Bewegung.

**Weitere Tipps**

Andere Bilder von Gegenständen und dazugehörige Requisiten, z.B. ein Bild von einem Glöckchen mit Metallfolie beklebt, ermöglichen den Tastsinn und das Hören in verschiedenen Variationen zu erleben.

## Erstes Erzählen anregen

**Ziel**

- eigenes Sprechen durch Nachsprechen anregen
- Sprache in ein Spiel integrieren
- alle Kinder, trotz verschiedener Sprachentwicklungsstufen integrieren, auch behinderte Kinder und mit anderer Muttersprache als Deutsch

**Vorbereitung**

- zwei gleiche Bilder mit einer Katze oder einem Hund werden je nach Größe des Kamishibais laminiert; eines bleibt glatt, das andere mit etwas Fell bekleben
- verschiedene Figuren, Tiere oder Fabelwesen ausschneiden und laminieren
- Stofftiere aus dem Fundus der Einrichtung
- Fotoklebepunkte
- Klanghölzer und Klangschale bereitstellen

Fertigen Sie von einem Bild, z.B. von einem Hund, zwei Ausführungen an. Eines mit Fell, Leder, o.ä. beklebt zum Fühlen und ein weiteres nur laminiert. Dieses ist dann strapazierfähig und die Kinder können damit spielen. Schneiden Sie die Kanten der laminierten Bilder rund, so vermeiden Sie Verletzungen.

Sie schlagen die Klangschale an und läuten so eine Erzählzeit ein. Diesmal dürfen sich die Kinder noch mehr aktiv beteiligen. Sie können die präparierten Bilder anfassen, sie herumtragen und damit spielen. Sie dürfen sie selbst oder mit Ihrer Hilfe ins Kamishibai stecken und etwas dazu erzählen, soweit sie das schon können.

Lassen Sie die Kinder auch das Kamishibai anfassen und die Türen auf- und zuklappen. Beteiligen Sie sich an dem Spiel und sagen Sie „Türe auf!" Sprechen Sie mit dem Hund, z. B.: „Wischel, waschel, wund, du bist unser Hund. Wau, wau!". (Dieser Vers lässt sich auf vieles umdichten.) Wiederholen Sie diesen kleinen Vers und warten Sie darauf, dass die Kinder versuchen ihn nachzusprechen. Beim Schließen der Türen sagen Sie: „Türen zu! Jetzt ist der Hund weg!". Wenn eines der Kinder selber die Türen schließt und „Hund weg!" sagt, dann erzählt es zum ersten Mal eine eigene Geschichte.

Variieren können Sie die Erzählsituation, indem Sie ein weiteres Bild hinzunehmen. Kleben Sie eine Figur, ein Tier oder Fabelwesen mit einem Fotoklebepunkt auf das Bild im Kamishibai, auf dessen Rahmen oder Türinnenseite. Verbinden sie die zwei Bilder sprachlich miteinander. Lassen Sie z. B. einen Hund und eine Katze mit verschiedenen Stimmen und Lautstärken miteinander sprechen. Die Modulationsfähigkeit Ihrer Stimme dient Ihnen als weiteres Gestaltungsmittel. Lassen Sie die Katze fragen: „Wer bist du? Was willst du?" und den Hund antworten: „Ich bin der Hund! Ich will bellen! Ich habe Hunger!". Regen Sie die Kinder an, Sie nachzuahmen und Ihre Worte nachzusprechen. Wiederholen Sie die sprachlichen Äußerungen der Kinder und illustrieren Sie deren Worte durch Zeigen auf die Bilder.

### Weitere Tipps

Hören Sie den Kindern zu, wenn sie sprechen und halten Sie Blickkontakt. Kinder empfinden das als Zuwendung. Und wenn Sie Ihre Zuwendung mit Freude und Fantasie geben, dann stärken und motivieren Sie Kinder in ihrer Sprachentfaltung und für ihren Weg ins Leben.

# Erzählen mit Kindergartenkindern

## Erste Geschichten erzählen mit Bildkartensets

Mit dem Kamishibai Geschichten zu erzählen, hat für die kindliche Entwicklung einen hohen Wert. Die illustrierten Geschichten regen die Kreativität und Fantasie an und tragen zu einem umfangreichen Wortschatz bei.

Während Fernseh- und Kinofilme die Kinder mit raschen Bildfolgen konfrontieren, haben sie beim *Kino ohne Strom* genügend Zeit, mal genau hinzusehen und sich in das Geschehen einer Geschichte einzumischen. Für Kinder im Kindergartenalter ist eine Bildfolge mit sechs Bildern vorerst ausreichend, später können Sie die Bildanzahl erhöhen. Die Erzählzeit mit dem Kamishibai können Sie bei Kindergartenkindern auf eine halbe Stunde pro Woche festlegen.

In Bibliotheken oder Medienzentren können Sie fertige Bildkartensets ausleihen und der DON BOSCO Verlag bietet Sets zu unterschiedlichen Themen zum Kauf an. Kindgerecht und liebevoll illustriert, geben sie Anlass zum dialogorientierten Sprechen und lassen viel Raum für die kindliche Fantasie.

Wenn Sie künstlerisch tätig werden wollen, dann können Sie gemeinsam mit den Kindern Geschichten auch selbst gestalten. Das Kamishibai ist dafür der perfekte Rahmen.

Die Bildkartensets, das Kamishibai und Sie als Erzählerin oder Moderatorin ermöglichen Kindern, sich Sprache zu erobern und sie ganzheitlich zu erfahren und zu erleben.

# Märchen sind Kraftfutter

*„Der enge Kontakt zum Kind und die Rückversicherung, dass es noch emotional „dabei ist", lässt sich beim Märchenerzählen besser erreichen, als beim Vorlesen. Rekorder oder Videogeräte sind in dieser Hinsicht gänzlich ungeeignet, denn solche Apparate können sich einfach nicht auf die Reaktionen oder Äußerungen des Kindes einstellen. Sie lassen die Kinder mit ihren Gefühlen allein. Das Zaubermittel sind also nicht die Märchen per se, sondern die emotionale Beziehung zum Inhalt und den Personen des Märchens, auf die sich das Kind beim Hören des Märchens mit der einfühlsamen Hilfe des Erzählers oder Vorlesers einlässt. Märchen sind also Kraftfutter für Kindergehirne."* (Gerald Hüther: Weshalb Kinder Märchen brauchen. Kongressband Märchenkongress Bad Karlshofen, Herbst 2005.)

## Dornröschen

**Ziel**
- Kinder klassischen Märchen begegnen lassen
- Vermittlung von Kulturgut
- Sprechanlässe schaffen, z. B. über Begriffe oder Berufe, die nicht mehr in unserem Sprachgebrauch sind, deshalb dienen Märchen auch dem Spracherhalt
- Sprachentwicklung fördern
- Denkvermögen und Fantasie anregen durch die Suche nach fiktiven Fortsetzungen

**Vorbereitung**
- aus dem Kamishibai Bildkartenset Dornröschen von DON BOSCO wählen Sie Bilder je nach Entwicklungsstand der Kinder aus; für Kinder unter fünf Jahren genügen 6 Bilder 3, 5, 6, 7, 8 und 11
- notieren Sie sich in Stichworten einen vereinfachten Fahrplan durch das Märchen, angepasst an die ausgewählten Bilder

- unterschiedliche Requisiten, z. B. eine Krone, eine Puppenwiege, ein Stückchen Seidentaft, ein großer alter Schlüssel, ein Bild von einer Spindel oder eines Spinnrades, eine Rose mit Dornen (zum Fühlen und Riechen), ein Stückchen Schleier
- bereiten Sie das Lied *Dornröschen war ein schönes Kind* vor (zum kostenlosen Download bei DON BOSCO)
- Klangschale bereitstellen

Stellen Sie die Bildkarten der Reihe nach, zuerst den roten Vorhang aus dem Bildkartenset von DON BOSCO, ins Kamishibai. Rufen Sie dann die Kinder herbei und läuten Sie die Erzählstunde mit der Klangschale und den Worten ein: *„Macht mal alle die Augen zu! Jetzt reisen wir ins Märchenland. Ins Land, wo Wunder geschehen und Wünsche wahr werden"*. Mit den Worten *„Augen wieder auf!"* öffnen Sie langsam die Türen des Kamishibais. Bitten Sie die Kinder Ihnen dabei

*Bildkartenset Dornröschen, Bild 3*

zu helfen, indem sie Ihre Bewegungen nachmachen. Wenn Sie die Bildkarte des roten Vorhangs aus dem Kamishibai ziehen, dann ahmen alle Kinder die Bewegung nach, indem sie die Arme hoch heben.

Dann beginnen Sie das Märchen mit den Worten *„Es war einmal ...„* einzuleiten. Lassen Sie die Kinder diesen klassischen Märchenbeginn wiederholen. Im Kamishibai ist die Bildkarte drei aus dem Bildkartenset *Dornröschen* aus dem DON BOSCO Verlag zu sehen.

Fragen Sie die Kinder, was Sie auf dem Bild sehen, so klären Sie die Vorkenntnisse der Kinder ab. Erzählen Sie dann weiter. Unterbrechen Sie sich immer wieder und stellen Sie Verständnisfragen: *„Seht ihr den König und die Königin? Woran erkennt ihr sie?"* Lassen Sie die Kinder sich eine imaginäre Krone auf den Kopf setzen. Fragen Sie weiter: *„Wo ist die kleine Prinzessin? Was ist eine Wiege?"* Zeigen Sie den Kindern die passenden Gegenstände im Bild und geben Sie ihnen die Requisiten der Reihe nach zum Anfassen, wie fühlt sich etwas Metallenes an, wie hört sich das Rascheln eines seidenen Stoffes an usw.

Wenn die böse Fee spricht, dann geben Sie ihr eine entsprechend böse Stimme. Sie haben durch die Modulationsfähigkeit Ihrer Stimme vielfältige Ausdrucksmöglichkeiten. Begleiten Sie Ihre Worte mit Mimik und Gestik und lassen Sie die Kinder diese nachahmen. Lassen Sie neue und schwierige Worte sowie kleine kurze Sätze nachsprechen. Erzählen Sie das Märchen etappenweise weiter. Stellen Sie Fragen und lassen Sie auch Fragen der Kinder zu. Hören Sie bei den Antworten der Kinder genau hin und integrieren Sie die Ideen der Kinder, wenn sie passen bzw. vertrösten Sie sie auf später, wenn sie nicht passen sollten. Fragen Sie auch: *„Wie geht es wohl weiter? Was würdet ihr tun?"*.

Wenn Sie die Bildkarte drei *auserzählt* haben, dann decken Sie die nächste, aus dem Bildkartenset *Dornröschen* die fünfte Bildkarte, auf.

Verfahren Sie mit dieser sowie den nächsten Bildkarten genauso, wie mit dem vorherigen Bild. Lassen Sie die Kinder die Bilderkarten auch mal in die Hand nehmen und damit spielen. Dafür sollten Sie die Bilder vorher laminieren, damit sie unempfindlich sind.

*Bildkartenset Dornröschen, Bild 5*

Sie *erleben* gemeinsam mit den Kindern das Märchen *Dornröschen*. Im wechselseitigen Gespräch verbinden Sie die äußeren Bilder der Bildkarten mit den inneren der Kinder. So entfalten sich neue Bilder, die sich verknüpfen und bei Ihnen und den Kindern *Kino im Kopf* entstehen lassen.

Um das Märchenerlebnis zu vertiefen, singen Sie mit den Kindern das Lied *Dornröschen war ein schönes Kind*.

**Weitere Tipps**

So wie das Märchen *Dornröschen* können Sie auch andere Märchen, Erzählungen und Geschichten mit Bildfolgen im Kamishibai erzählen.

 **Aus der Praxis**

Im Kindergarten Zwergenwiese in München erwarten mich acht aufgeregte Kinder im Alter von drei bis fünf Jahren. Zum Einstieg in die Märchenstunde erzähle ich eine kurze Geschichte mit Bildern im Kamishibai. Die Kinder hören aufmerksam zu und dürfen sich am Ende der Geschichte alle Bilder und das Kamishibai genauer ansehen. Dies wird sehr ausgiebig von den Kindern getan. Sobald wieder Ruhe eingekehrt ist, erzähle ich die Geschichte noch einmal. Dafür habe ich zum Inhalt der Geschichte passende Utensilien (z. B. ein weiches Fell, eine Bürste, eine Feder usw.) zurechtgelegt. Nach und nach nehme ich die Bilder aus dem Kamishibai und hänge sie beim Erzählen an eine Leine. Sobald ich in der Geschichte einen bestimmten Gegenstand benenne, nehme ich ihn aus meiner Utensilienkiste und reiche ihn an die Kinder weiter. Sie dürfen ihn dann anfassen, anschauen, daran schnuppern und weiterreichen. Es macht den Kindern viel Spaß, neben dem Zuhören in dieser Weise aktiv zu sein. Außerdem versuche ich, die Kinder am Erzählen zu beteiligen, indem ich wichtige Botschaften wiederhole und sie auffordere mitzusprechen.

Nach dem Erzählen der Geschichte sollen sich die Kinder ein Bild von der Leine nehmen. Der vierjährige Tom ist mit seiner Mutter da. Er hat sich im Kindergarten noch nicht ganz eingewöhnt. Er schmiegt sich an seine Mutter, hört aufmerksam zu, traut sich aber nicht, die Bilder oder andere Utensilien in die Hand zu nehmen. Fast alle Bilder sind nun schon von der Leine genommen, nur eins hängt noch. Das ist Toms Chance: Er fixiert das Bild, löst sich von seiner Mutter und kommt langsam nach vorn. Ich ermuntere ihn, das Bild abzunehmen, was er macht und voller Freude zu seiner Mutter zurückläuft.

Das Kamishibai ist kein Allheilmittel, kann aber das Erzählen erleichtern und Einstiegshürden niedriger machen, wovon vor allem Kinder, die schüchtern sind profitieren.

Hedi Reinmann, Goldmunderzählerin aus Wolfratshausen

# Reihengeschichten machen es möglich

Reihengeschichten sind die ersten leichten Geschichten zum Selbererfinden. Bei ihnen werden einzelne Szenen wie auf einer Perlenschnur aneinandergereiht. Bekannte Märchen mit dieser Erzählstruktur sind z. B.: das Rübchen, das Pferdchen Huppdiwupp oder der dicke, fette Pfannkuchen.

Anhand der Geschichte *Die Maus sucht eine Braut*, nach einem osteuropäischen Märchen erzählt, lässt sich das Prinzip einer Reihengeschichte leicht verdeutlichen.

## Die Maus sucht eine Braut

**Ziel**
- eine Identifikationsfigur finden
- Möglichkeiten von Geschichtenfortsetzungen erkennen

**Vorbereitung**
- Zur Geschichte passende Bilder herstellen: 1. Maus, 2. Maus mit Sonne, 3. Maus mit Wolke, 4. Maus mit Wind, 5. Maus mit Eiche, 6. Maus mit Familie Maus
- Klangschale bereitstellen

Erzählen Sie die Reihengeschichte Bild für Bild genauso interaktiv wie bei Dornröschen beschrieben. Läuten Sie die Erzählstunde mit der Klangschale ein und regen Sie die Kinder durch offene Fragen zum Erzählen an.

## Die Maus sucht eine Braut

*Es war einmal ein junger, fescher Mäuserich, der hieß Tim. Eines Tages sagte er zu seinen Freunden: „Ich will heiraten und suche eine Braut! Könnt ihr mir einen Rat geben, wo ich eine hübsche, junge Maus finden kann?" Die Freunde dachten* nach, wiegten die Köpfe, wackelten mit den Ohren und ließen ihre Schnurrhaare kreisen, bis schließlich einer sagte: „Du, mein Freund, was du brauchst, ist eine Maus aus gutem Haus. Geh zur Sonne und frage sie nach ihrer Tochter. Die Sonne ist die stärkste Kraft, die es gibt. Ohne sie gäbe es keine Pflanzen, keine Tiere und keine Menschen auf der Erde. Sie hat eine gute Familie!"

So begab sich der Mäuserich Tim zur Sonne. Welchen Weg er nahm, weiß ich nicht, doch es dauerte lange. Eines Tages erreichte er die Sonne und sagte: „Guten Tag, goldene Sonne!", „Guten Tag, Mäuserich!" antwortete die Sonne „ich freue mich über deinen Besuch! Doch was willst du kleiner Wicht von mir?" „Du sollst eine schöne Tochter haben und ich möchte die Tochter der stärksten Kraft im Universum zur Braut haben. Du Sonne, sollst die stärkste Kraft sein. Gib mir deine Tochter." Darauf antwortete die goldene Sonne: „Kraft habe ich schon, aber es gibt jemanden, der ist viel stärker als ich." „Wer denn?" fragte Tim erstaunt. „Die Wolke!" sagte die Sonne. „Die Wolke, legt sich zwischen die Erde und mich, dann kann ich nicht mehr scheinen!" „Dann lebe wohl Sonne, denn ich gehe zur Wolke."

*Tim ging zur grauen Wolke: „Guten Tag Wolke, ich bin gekommen, weil ich deine schöne Tochter heiraten will, denn ich möchte die Tochter der stärksten Kraft im Universum heiraten. Ich war schon bei der Sonne, aber sie sagt, du Wolke, seist die stärkste Kraft." „Es ist mir eine Ehre," sagte die Wolke, „aber die Sache ist die, es gibt jemand, der stärker ist als ich. Der Wind! Wenn er bläst, dann weht er mich, wohin er will." „Ich danke dir! Dann gehe ich zum Wind! Lebe wohl."*

*Laufend und hüpfend, mal auch langsam vor sich hin trottend, kam Tim beim Wind an. Doch auch dieser antwortete auf die Frage des Mäuserichs: „Es gibt jemanden, der viel stärker ist als ich. Schon seit hunderten von Jahre rüttle und schüttle ich sie und will sie umwerfen, doch die Eiche fällt nicht um!" sagte der Wind. Tim konnte es kaum glauben, die alte Eiche! Er bedankte sich beim Wind und wanderte weiter zur alten Eiche.*

*Die Eiche antwortete dem Mäuserich das gleiche wie auch die Sonne, die Wolke und der Wind: „Es gibt jemanden, der ist viel stärker als ich. Horch! Hörst du das Knuspern und Knausen, hörst du, wie die Mäuse an meinen Wurzeln nagen? Wenn sie meine Wurzeln zernagt haben, dann falle ich um!". Timm lachte und ging zu den Mäusen.*

*Als erstes begegnete er Frau Maus und fragte sie nach ihrer Tochter. Frau Maus erwiderte: „Du gefällst mir schon, du fescher Mäuserich, aber wir müssen zuerst den Mäusevater fragen!" Tim wurde daraufhin zum Teetrinken eingeladen. Die ganze Familie saß um einen schön gedeckten Tisch und alle redeten miteinander. Der junge Mäuserich gefiel der schönen Mäusetochter. Als Tim sagte, er wollte sie heiraten, da sagte sie „Ja!". Die Mäuseeltern waren mit der Hochzeit einverstanden und Tim war glücklich. Schon am nächsten Tag heiratete Tim seine hübsche Braut.*

**Tipp**

Setzen Sie beim Erzählen der Geschichte für die verschiedenen Figuren verschiedene Stimmen ein.

## Mit Figuren spielen – Reihengeschichten selbst erfinden

Reihengeschichten lassen sich anhand eines einfachen Plans (zum kostenlosen Download bei DON BOSCO) auch selbst erfinden. Dazu suchen Sie gemeinsam mit den Kindern eine Hauptperson aus. Da in einer Geschichte alles möglich ist, kann das außer einem Menschen auch ein Tier, Fabel- oder Märchenwesen, Pflanze usw. sein. Danach bestimmen Sie einen großen Wunsch der Hauptperson. Fügen Sie mehrere Figuren, Tiere oder Gegenstände zur Geschichte hinzu, die den Wunsch der Hauptperson nicht erfüllen können. Zum Schluss tritt ein Helfer auf, der zumeist magisch ist, wie z. B. eine Fee, ein Zauberer usw., der Wunsch kann erfüllt werden und damit hat die Geschichte einen guten Ausgang. Sie erfinden die Geschichte während des Erzählens durch Aufkleben der Figuren, deshalb notieren Sie sich die Ereignisse und die Namen der Figuren in einem Protokoll; mit dessen Hilfe können Sie und die Kinder die erfundene Reihengeschichte immer wieder erzählen.

## Reihengeschichten erfinden am Beispiel
## „Die Kuh, die gern Bananen frisst"

| Hauptperson? (Tier, Fabelwesen, Märchenfigur o. ä. ) | Was will sie? (ein dringender Wunsch) | Wen fragt sie vergeblich um Hilfe? (nacheinander mehrere Tiere, Menschen, Gegenstände) | Wer hilft? (Zauberer, Fee, anderes Tier oder Ähnliches) | Wie? (guten Rat geben, Lösung bereit halten) | Glückliches Ende (Der Wunsch wird erfüllt.) |
|---|---|---|---|---|---|
| eine Kuh | möchte eine Banane essen | sie fragt nacheinander: eine Maus, einen Hund, ein Schwein | ein Zwerg | „Gehe über den Berg, dort gibt es einen Baum und dieser trägt Bananen!" | die Kuh findet eine Banane und isst sie zufrieden auf |

**Ziel**
- Eigentätigkeit der Kinder fördern
- Aufgaben gemeinsam mit anderen zu bearbeiten, in der Gruppe zu kooperieren und zu kommunizieren
- das Zusammengehörigkeitsgefühl der Kinder stärken
- Kreativität und Fantasie anregen

**Vorbereitung**
- ein Hintergrundbild, z. B. eine bunte Wiese, vorbereiten und je nach Größe des Kamishibais laminieren
- unterschiedliche Figuren und Gegenstände basteln oder ausschneiden und laminieren (für die Beispielgeschichte: eine Kuh, eine Banane, eine Maus, einen Hund, ein Schwein und einen Zwerg)
- Fotoklebepunkte
- Papier und Stift
- Klangschale bereitstellen

Stellen Sie das vorbereitete Hintergrundbild in das Kamishibai. Rufen Sie die Kinder mit dem erklingen der Klangschale herbei, öffnen Sie die Türen des Kamishibais und beginnen Sie die Geschichte zu erzählen: *„Es war einmal eine schöne bunte Wiese, dort stand eine Kuh."* Kleben Sie die Figur *Kuh* mit dem Fotoklebepunkt auf das Hintergrundbild oder auf den Rahmen des Kamishibais. Fragen Sie *„Hallo Kuh, wie heißt du denn?"*. Lassen Sie die Kinder einen Namen für die Kuh finden und notieren Sie diesen in Ihr Protokoll. *„Was möchtest du gerne haben?"* fragen Sie die Kuh. Die Kinder nennen Ihnen den großen Wunsch der Kuh; Sie notieren die Antwort. Fassen Sie nun zusammen: *„Es war einmal eine Kuh, die sich nichts sehnlicher wünschte, als eine Banane zu essen. Doch woher nur sollte sie eine bekommen?"*.
Bitten Sie eines der Kinder sich eine Figur auszusuchen, z. B. die Maus. Diese soll das Kind mit einem Fotoklebepunkt auf das Hintergrundbild zur Kuh kleben. Lassen Sie die Kuh fragen: *„Hallo Maus, muh, muh, kannst du mir eine Banane*

geben?". Das Kind soll nun die Maus spielen und antworten. Helfen Sie ihm eine verneinende Antwort zu finden und einen Grund dafür zu nennen, wie z. B.: *„Nein, ich habe jetzt keine Zeit für dich, ich muss in die Schule!".* Notieren Sie sich die Antworten.

Erneut fassen Sie zusammen: *„Es war einmal eine Kuh, die Anton hieß. Sie wünschte sich nichts sehnlicher, als eine Banane zu essen. Doch woher sollte sie eine bekommen? Zum Glück kam eine Maus des Weges. Hallo Maus, kannst du mir eine Banane geben?"* fragte die Kuh. Doch die Maus antwortete: *„Nein, ich habe jetzt keine Zeit für dich, ich muss in die Schule!"* und sie lief weg. Danach nimmt das Kind die Maus vom Hintergrundbild.

Erzählen Sie weiter, wie gern die Kuh aber eine Banane haben möchte und bitten Sie ein anderes Kind sich eine Figur auszusuchen, z. B. den Hund oder das Schwein. Verfahren Sie bei diesen Tieren auf gleiche Weise wie bei der Maus.

Zum Schluss helfen Sie einem Kind eine Figur auszusuchen, die eine Erfüllung des Wunsches und ein gutes Ende herbeiführen kann, z. B. einen Zwerg. Mit seiner Antwort soll das Kind der Kuh helfen, sie könnte z. B. lauten: *„Gehe über den Berg, dort gibt es einen Baum und dieser trägt Bananen."* Kleben Sie nun eine Banane auf das Hintergrundbild. Wenn Sie auf die Schnelle keine Banane zu Hand haben, dann skizzieren Sie eine und schneiden Sie sie aus.

Lassen Sie sich die Kuh bedanken *„Oh, danke, wie ich mich freue!"* und genüsslich die Banane verspeisen.

**Tipp**
Achten Sie darauf, dass der Wunsch der Hauptfigur stark und nachvollziehbar ist. Lassen Sie auch Geschichten mit menschlichen Wesen erfinden.

## Eine erfundene Geschichte spielen

Eine selbst erfundene Geschichte über spielen nachzuerzählen, das ist der nächste Schritt, der Kinder durch Anregung der Sprechfreudigkeit besonders intensiv in ihrer sprachlichen Entwicklung fördert.

Legen Sie die Figuren der Reihe nach bereit, fragen Sie die Kinder, wer sich traut die Geschichte nachzuspielen und nachzuerzählen. Verteilen Sie Rollen. Es ist wichtig, dass alle Kinder mitspielen können, deshalb überlegen Sie sich auch ein paar Statistenrollen wie Bäume, Häuser, Möbel usw. Sie bringen sich als verbindender Moderator ein und stützen das Spiel im Hintergrund mit dem Klebebild im Kamishibai. Die Kinder nutzen den Blick auf das Kamishibai als Gedächtnisstütze. Lassen Sie das Spiel mit getauschten Rollen mehrmals wiederholen.

Indem Kinder ihre selbst erfundene Geschichte erzählen, lernen sie in ganzen Sätzen zu sprechen, Dialoge zu führen und Sprache differenziert zu gebrauchen. Durch das szenische Spiel mit anderen Kindern, lernen sie außerdem auf andere Rücksicht zu nehmen und zu warten bis sie dran sind. Das Erzählen mit dem Kamishibai fördert also in besonderer Weise sprachliche und soziale Kompetenzen von Kindern – und damit Schlüsselqualifikationen für Bildung. Und es weckt die Freude am Erzählen – eine gute Voraussetzung dafür, Sprache kompetent anzuwenden.

## Einfache Geschichten mit Sprachbausteinen erfinden, gestalten und erzählen

### Ziel
- Mündlichkeit und Sprachbeherrschung fördern und entwickeln
- Figuren mit Sprache ausstatten und lebendig werden lassen

### Vorbereitung
- den Plan zum Erfinden von Reihengeschichten bereithalten (s. S. 35 oder zum kostenlosen Download bei DON BOSCO)
- 15 Wortkärtchen mit verschiedenen Personen, Tieren und Fabelwesen sowie 5 Wortkärtchen mit magischen Wesen vorbereiten
- unterschiedliche Materialien und Utensilien bereitstellen, damit die Geschichte von den Kindern gestaltet werden kann

Legen Sie die vorbereiteten Wortkärtchen verdeckt auf einen Tisch. Lassen Sie eines der Kinder eine Karte ziehen. Diese benennt die Hauptperson der Geschichte. Notieren Sie sich in Stichpunkten den weiteren Verlauf der Geschichte. Gemeinsam mit den Kindern erarbeiten Sie zuerst einen großen Wunsch der Hauptperson. Danach ziehen mehrere Kinder je eine Wortkarte. Diese Personen, Tiere oder Fabelwesen können der Hauptperson nicht helfen, sich den Wunsch zu erfüllen. Gründe dafür erfragen. Zum Schluss zieht ein Kind aus den Wortkärtchen mit den magischen Wesen eine Karte. Mit diesem Helfer wird der Wunsch erfüllt und damit bekommt die Geschichte ein gutes Ende.

Z.B. Ein Monster möchte fliegen lernen, es bittet seinen Freund Max, ein Gespenst, und einen kleinen Drachen um Hilfe, doch sie können ihm nicht helfen. Pegasus, das geflügelte Pferd, bringt dem Monster zum Schluss doch noch das Fliegen bei.

Nachdem Sie gemeinsam mit den Kindern die Geschichte erfunden haben, nummerieren Sie in Ihrem Protokoll die Abschnitte, zu denen die Kinder Bilder gestalten, z.B. malen, aus gerissenem Papier kleben oder Kollagen aus verschiedenen Materialien komponieren. Halten Sie schriftlich fest, wer zu welchem Abschnitt ein Bild gestaltet. Mit Ihren Mitschriften und den Bildern der Kinder ist es ganz leicht, die Geschichte im Kamishibais bildgestützt nachzuerzählen. Fügen Sie Sinneseindrücke und Dialoge hinzu.

**Weitere Tipps**
Helfen Sie den Kindern die Geschichte in der Vergangenheit zu erzählen. Fragen Sie, ob ein Kind sich traut mehr als einen Abschnitt der Geschichte zu erzählen. Geben Sie den Kindern eine Kopie der Geschichte mit nach Hause.

# Erzählen mit Vorschulkindern und Schulanfängern

## Altersgerechtes Geschichtenerzählen mit Bildkartensets

Im Zustand des Spiels sind Kinder offen Neues dazuzulernen und ihre Welt zu entdecken. Aus der Hirnforschung ist bekannt, dass während des Geschichten- und Märchenerzählens die gleichen Hirnregionen aktiv sind, wie beim Spielen. In der Märchenstunde ist bei den Kindern demnach eine hohe Lernbereitschaft vorhanden.
Dieses Wissen sollten Sie ausnutzen und mit Hilfe des Kamishibais eine Stunde pro Woche mit den Vorschulkindern und Schulanfängern Märchen erzählen.
Zum Beispiel das Grimm'sche Märchen *Der Wolf und die sieben Geißlein*, bei den Kindern ein sehr beliebtes Tiermärchen.

### Der Wolf und die sieben Geißlein

**Ziel**
- Wortschatz erweitern durch Besprechen von Bildern
- Märchen durch bildgestütztes dialogisches Erzählen erschließen

**Vorbereitung**
- das Bildkartenset *Der Wolf und die sieben Geißlein* von DON BOSCO in das Kamishibai stellen

- eine Begriffsliste erstellen, mit der Sie die Kinder in das Märchen hineinholen: Geiß = Ziege, Standuhr – Uhrenkasten, Küchenherd – Ofenrohr, Wolf, Waschzuber, Brunnen, Wackersteine
- eine Begriffsliste zur Nachbesprechung des Märchens erstellen: Folgsamkeit – Misstrauen – List – das gute Ende
- für die Atmosphäre während des Erzählens können Sie ein hübsches Tischtuch, einen Blumenstock, eine Kerze usw. aufstellen
- Klangschale bereitstellen

Bevor Sie die Kinder zur Märchenstunde rufen, schaffen Sie mit einem Tischtuch, einem Blumenstock, einer Kerze usw. eine anregende Erzählatmosphäre. Dann besprechen Sie mit den Kindern die Worte Ihrer Begriffsliste. Lassen Sie die Kinder erklären.

*Bildkartenset Der Wolf und die sieben Geißlein, Bild 8*

Wenn alle Begriffe hinreichend besprochen wurden, schließen die Kinder die Augen und reisen mit dem Klang der Klangschale ins Märchenland. Die Türen des Kamishibais öffnen sich.

Erzählen Sie nun das Märchen Bild für Bild. Trauen Sie sich neben der Bildbeschreibung frei zu erzählen, Sinneseindrücke einzuflechten sowie direkte Rede. Je nach Spielfreude können Sie den unterschiedlichen Tieren verschiedene Stimmen geben. Behalten Sie die Kinder im Auge, stellen Sie Fragen, binden Sie die Ideen der Kinder mit ein.

Verwenden Sie auch das Verslein aus dem Märchen: *„Was rumpelt und pumpelt in meinem Bauch. Ich dachte es wären sechs Geißlein, derweil sind es lauter Wackersteine."* Lassen Sie die Kinder den Vers nachsprechen.

Schaffen Sie während des Erzählens Raum für phonologisches Bewusstsein, indem sie von einzelnen Worten nur den Anfangsbuchstaben deutlich artikulieren und die Kinder das Wort zu Ende sprechen lassen. Z. B.: *„Es war einmal eine G ... (Geiß)."* oder *„Der Herd in der Küche hatte ein langes schwarzes O ... (Ofenrohr)."* Bei den Vorschulkindern können Sie auch Bewegungseinheiten, Nachsprechen und lautes Rufen einbauen, das vermindert den durch die Konzentration angestauten Muskeltonus, die Aufmerksamkeit bleibt während des Erzählens erhalten. Z. B.: Alle Kinder verstecken sich unter ihrem Stuhl, alle Kinder tanzen um den Brunnen, alle Kinder meckern wie kleine Geißlein, alle Kinder rufen *„der Wolf ist tot, der Wolf ist tot!"*.

Zum Schluss schließen Sie die Türen des Kamishibais und reisen mit den Kindern mit dem Klang der Klangschale wieder zurück in die Gegenwart.

In der Nachbesprechung können Sie mit den Kindern über Eigenschaften, Fähigkeiten und Gefühle sprechen.

### Weitere Tipps

Auf die gleiche Weise wie das Märchen *Der Wolf und die sieben Geißlein* können Sie viele Märchen und Geschichten bildgestützt erzählen. Für Kinder unterschiedlicher Altersstufen müssen Sie lediglich anpassen und verändern: 1. Den sprachlichen Anspruch: von einfachen kindlichen Sätzen bis hin zu poetischer

Dichte. 2. Die Nachbereitung: vom Beschreiben eines einfachen Gefühls, wie Angst oder Freude, bis hin zum Austausch philosophischer Gedanken. 3. Interaktionsmöglichkeit: die Kindergarten- und Vorschulkinder z. B. durch Verständnisfragen in die Erzählung einbeziehen; ältere Kinder v. a. in die Nachbesprechung einbinden. 4. Eine dem Alter entsprechende Bildanzahl und -gestaltung.

# Mit Kindern Märchen und Geschichten gliedern, gestalten und erste Erzähltalente fördern

## Kreatives Märchenerzählen

Durch ein Erzählprojekt, das sich je nach Konzentrationsfähigkeit der Kinder über mehrere Erzählstunden erstrecken kann, können Sie mit Vorschulkindern und Schulanfängern über das Nacherzählen von Märchen und Geschichten Erzählfreude und Sprechfreude fördern.

### Die Goldene Gans

**Ziel**

- mit kreativem Märchenerzählen Märchen ganzheitlich erleben
- Kreativität und Vorstellungswelt entwickeln
- wesentliche Zusammenhänge erkennen, Textverständnis fördern
- Gedanken in Bilder und Bilder in Sprache umsetzen
- das Arbeitsgedächtnis der Kinder entwickeln
- Erzählfertigkeiten fördern und Erzähltalente entdecken

**Vorbereitung**

- das Grimm'sche Märchen *Die goldene Gans* in vereinfachter Form und in Stichworten aufschreiben und zum Erzählen verinnerlichen
- Papier in der Größe des Kamishibais und kräftige Farbstifte bereithalten
- Klangschale bereitstellen

*Es war einmal ein Vater und eine Mutter, sie lebten auf einem Bauernhof und hatten drei Söhne. Der Jüngste wurde der Dummling genannt und oft verachtet und verspottet.*

*Eines Tages schickte der Vater den Ältesten mit einer Axt in den Wald um Holz zu hauen. Die Mutter gab eine gute Brotzeit mit Kuchen und Wein mit. Kaum im Wald, begegnete dem Burschen ein altes graues Männlein: „Ich bin so durstig und so hungrig! Bitte, gib mir was!" Der Junge gab ihm nichts, „Dann habe ich selber nichts mehr!" sagte er und ließ das Männlein stehen. Aber als er dann*

anfing einen Baum zu behauen, verletzte er sich mit der Axt am Arm so, dass er heimgehen und sich verbinden lassen musste. Das kam von dem grauen Männlein. Der zweite Sohn des Bauern war ebenso geizig, ihm ging es genauso, wie seinem älteren Bruder, nur dass er sich am Bein verletzte.

Da sagte der Dummling: „Vater, jetzt gib mir die Axt und lass mich in den Wal gehen!" Der Vater wollte ihn nicht lassen, er meinte der Dummling verstehe nichts davon. Der aber wollte beweisen, dass er nicht dumm war und bat so lange, bis der Vater nachgab. Doch er bekam von der Mutter nur ganz wenig und nichts so Gutes zu Essen und zu trinken mit.

Auch dem Dummling begegnete das hungrige Männlein. Er aber teilte sofort das Bisschen, was er hatte, mit dem Männlein. Als das Männlein satt war sagte es: „Dir will ich nun Glück bescheren! Geh zu dem alten Baum dort, in seinen Wurzeln wirst du etwas finden," und ging wieder in den Wald hinein.

Neugierig ging der Dummling zu dem Baum – da saß eine Gans, die hatte Federn von reinem Gold. Der Junge nahm sie mit und trug sie unter dem Arm den ganzen Tag, bis er am Abend zu einem Wirtshaus kam. Es duftete es nach gutem Essen, er setzte die goldene Gans auf einen Stuhl und wollte essen und übernachten.

Der Wirt hatte drei Töchter. Als die Mädchen die goldene Gans sahen, wollten sie alle drei unbedingt eine goldene Feder haben. Deshalb, als der Dummling nicht hinschaute, fasste die Älteste die Gans beim Flügel und wollte eine Feder ausrupfen. Aber Finger und Hand blieben an der Gans fest hängen. Auch die Zweite blieb hängen. Als die Jüngste auch nach einer Feder greifen wollte, schrien die beiden älteren: „bleib weg, bleib weg!" Umsonst, alle drei Mädchen hingen an der Gans und mussten die Nacht neben der Gans verbringen.

Am anderen Morgen nahm der Dummling seine Gans wieder unter den Arm und ging fort. Sie waren jetzt zu viert. Die drei Mädchen mussten mitlaufen.

Auf dem Weg begegnete ihnen der Pfarrer. „Schämt ihr euch nicht, dem jungen Burschen nachzulaufen!" rief er, packte die Jüngste am Arm und wollte sie wegziehen. Aber auch der Pfarrer blieb kleben und musste mitlaufen. Nach und nach kam der Küster und zwei Bauern dazu. Alle wollten helfen, alle blieben hängen. Sieben Leute liefen nun mit dem Dummling mit.

*Nach einiger Zeit kamen sie in eine Stadt. Dort herrschte ein König, der sehr besorgt um seine Tochter, die Prinzessin, war, denn sie war so ernst, dass sie überhaupt nicht lachen konnte. Deswegen hatte der König verkünden lassen, dass derjenige, der die Prinzessin zum Lachen bringen konnte, sie zur Frau bekäme. Nun, als die Prinzessin den Dummling mit der goldenen Gans und den sieben Leuten, die daran klebten, sah, da lachte sie ganz laut und wollte gar nicht mehr aufhören.*
*Der Dummling bekamm die Prinzessin zur Braut, die Hochzeit wurde gefeiert und der Dummling war glücklich. Manchmal aber dachte er insgeheim: „mein Vater könnte stolz auf mich sein!" Nach dem Tod des Königs erbte der Dummling das Reich, er lebte dort vergnügt mit seiner Gemahlin und wenn sie nicht gestorben sind, dann leben sie noch heute.*

Rufen Sie die Kinder mit der Klangschale zur Erzählstunde und erzählen Sie ihnen, noch ohne Bilder, das Märchen. Erzählen Sie dabei so frei wie möglich. Geben Sie den Kindern Raum zum Miterleben und stellen Sie Fragen nach unbekannten Begriffen, Sprache und Inhalt im Märchen, nach Sinneseindrücken oder nach einem anderen Schluss. Sprechen Sie auch über die Protagonisten und Gefühle im Märchen. Anschließend erarbeiten Sie gemeinsam mit den Kindern einzelne, in sich sinnvolle Abschnitte, die Sie nummerieren. Darüber führen Sie Protokoll.

In der nächsten Erzählstunde fassen Sie das Märchen kurz zusammen und vereinbaren mit den Kindern, wer zu welchem Abschnitt ein Bild malt. Halten Sie dieses für sich schriftlich fest. Geben Sie den Kindern danach Papier und Stifte. Erzählen Sie den Kindern noch einmal ihre Abschnitte und ermuntern Sie sie, das zu malen, was für sie das Wichtigste in ihrem Abschnitt darstellt. Schreiben Sie oben in die Mitte der Bilder die jeweilige Abschnittsnummer. Weisen Sie die Kinder daraufhin, die Ränder ihrer Bilder nicht zu bemalen. Stellen Sie auch das Kamishibai bereit, damit die Kinder die Wirkung ihrer Bilder ausprobieren können.

Wahrscheinlich werden Sie nun in unterschiedliche Gespräche verwickelt: *„Wie malt man Neugier? Wie malt man Stolz oder wie Geiz?"* Es werden sich zahlreiche Anlässe ergeben, um über Gefühle zu sprechen.

In der darauffolgenden Erzählstunde stellen Sie die Bilder der Kinder, der Reihe nach – hinter den roten Vorhang – ins Kamishibai und läuten das Erzählen mit der Klangschale ein. Sie beginnen mit *„Es war einmal ... "*, ziehen den Bildkartenvorhang und bitten den Zeichner des ersten Bildes sich neben das Kamishibai zu stellen und den gemalten Abschnitt zu erzählen. Wenn das Kind fertig mit Erzählen ist, ziehen Sie sein Bild aus dem Kamishibai und bitten das nächste Kind sein Bild zu erzählen. Als Moderator helfen, ergänzen und verbinden Sie die einzelnen Abschnitte miteinander. Ist ein Kind zu schüchtern oder sprachlich nicht in der Lage sein Bild zu erzählen, dann machen Sie es mit dem Kind zusammen, indem Sie Verständnis- bzw. Rückfragen stellen.

Zum Schluss haben Sie und die Kinder das ganze Märchen mit Bildern im Kamishibai gemeinsam erzählt. Sie werden feststellen, dass vor allem Kinder, die sprachliche Schwierigkeiten haben, mit Hilfe der Bilder besser erzählen können und, dass die Kinder sich bemühen, Worte für ihre Bilder zu finden. Kinder lernen beim *kreativen Märchenerzählen* Gliederungen und wichtige Inhalte zu erkennen, und diese über innere Bilder in äußeren Bilder festzuhalten. Sie gebrauchen ihre Bilder als Gedächtnisstütze und setzen sie in Sprache um. Über Bewusstseinsprozesse entsteht *Kino im Kopf*. Ein Vorgang in dem das Gehirn strukturiert und Wahrnehmung gelenkt wird.

**Weitere Tipps**
Finden Sie gemeinsam mit den Kindern Dialoge und notieren Sie sich diese; lassen Sie die Kinder die Szene spielen.

## Aus der Praxis

*Eines Tages stand eine weißhaarige Dame im Klassenzimmer und ich wusste, sie ist eine leibhaftige Geschichtenerzählerin. Die Schüler waren sehr neugierig darauf, welche Geschichte sie ihnen wohl mitgebracht hat. Zunächst hatte ich Bedenken, ob die Schüler die Konzentration aufbringen können, über einen längeren Zeitraum einer Geschichte zuzuhören. Doch meine Bedenken wurden schnell zerstreut.*

*Nach einer kurzen Erzählung, begann die Geschichtenerzählerin mit den Kindern nach einem festen Bauplan eine eigene Geschichte zu erfinden. Die Klasse entwickelte dabei einzelne Spielszenen und verband diese zu einer märchenhaften Erzählung.*

*Die einzelnen Abschnitte wurden von den Kindern dann phantasievoll illustriert. Danach zeigte die Geschichtenerzählerin den Kindern, wie sie mit dem Kamishibai Geschichten mit dazu passenden Bildern spannend erzählen können.*

*Nach etwas Übung wagten sich die Kinder an eine Vorstellung vor der Parallelklasse. Ein voller Erfolg!*

*Auf diese spielerische Art entwickelten sich die sprachlichen und sozialen Fähigkeiten der Schüler enorm weiter. Deshalb verwenden wir das Kamishibai auch weiterhin während der unterschiedlichsten Unterrichtsphasen und -fächer.*

*Susanne Mörtl, Sonderschulpädagogin aus München*

# Der Geschichtenbaukasten

Der Geschichtenbaukasten ist ein wichtiges Werkzeug für die Erzählpädagogik. Mit ihm erfinden Kinder ihre eigenen Geschichten in der Struktur einer Heldenreise. Das Wechselspiel zwischen Fantasie, Erzählen und Gestalten ermöglicht Kindern, innere Bilder in Sprache und selbstgestaltete Bilder zu übertragen. Ein geeignetes Medium Bilder zu präsentieren, die als Gedächtnisstützen zum Erzählen einer eigenen Geschichte dienen, ist das Kamishibai.

Das gemeinsame Geschichtenerfinden und -bauen ermöglicht jede Menge Sprechanlässe und fördert auf spielerische Weise die Sprachkompetenz, das logische Denken und die emotionale Intelligenz. Außerdem ist *Geschichtenerzählen* so Willy Fährmann *„die Mutter aller Lesefreude"*.

## Mein Geschichtenbaukasten

Angetrieben von der Idee, ein einfaches Werkzeug zu entwickeln, mit dem jeder – auch unerfahrene Erzähler – Geschichten mit Kindern erfinden kann, entwarf ich meinen Geschichtenbaukasten. Reizwortkarten, Geschichten an der Leine und diverse Erzählbaukästen gab es bereits. Mein Bedürfnis war es, innere Logik und fantastische Grammatik zu intensivieren, um dadurch die Spannung in einer Geschichte zu steigern. Innere Logik und Spannung entstehen dann, wenn Ereignisse nicht nur aneinander gereiht werden, sondern wenn Gedanken, Gefühle und Zustände sich auseinander entwickeln.

Drei Vordenker haben mich bei der Entwicklung meines Geschichtenbaukastens beeinflusst:

1. Norbert Kober, künstlerischer Leiter der Goldmund-Erzählakademie München
*„Der Strukturverlauf des klassischen Märchens: Es war einmal – die Abgrenzung vom Hier und Heute. Ein Handlungsträger, also der Held, erlebt seinen Alltag bis etwas in sein Leben tritt, ihn anstößt, auf eine Reise zu gehen. Die Reise, der Weg führt, oft in Form einer Dreihebigkeit, zu Freunden, Gegnern, Prüfungen,*

*Erfahrungen, Herausforderungen und Abenteuern. Am Ende kommt der Held nach Hause oder zu Freunden um dort zu bleiben, oft um zu heiraten (Königliche Hochzeit). Der Held erlebt auf seiner Reise eine innere wie äußere Entwicklung."*

2. Johannes Merkel: Spielen, Erzählen, Phantasieren. Die Sprache der inneren Welt. München 2000, S. 190.

*„Damit eine Geschichte als Geschichte gelten kann, muss erstens die Erzählung mit einem regelrechten Einstieg aus der laufenden Gegenwart von Erzähler und Hörer ausgegrenzt werden, zweitens hat sie einen Helden sowie Ort und Zeit der Handlung zu benennen, drittens ein Ereignis in das Leben des Helden eingreifen zu lassen, mit dem sich viertens der Held auseinander zusetzen hat, und schließlich muss der Erzähler fünftens diese Auseinandersetzung zu einem Ergebnis und die Geschichte damit zu einem Abschluss bringen, der wieder zurückführt in die mit der Erzählung verlassene Gegenwart.*

*Fügt man einen glücklichen Ausgang hinzu, der bekanntlich erst ein Märchen zum Märchen macht, hört sich dieser Aufbau an wie eine Beschreibung der klassischen Märchenstruktur."*

3. Gianni Rodari: Grammatik der Phantasie. Die Kunst, Geschichten zu erfinden. Leipzig 1999, S. 73.

*„Die konstanten stabilen Elemente des Märchens sind die Funktionen der Gestalten, unabhängig vom Ausführenden und von der Art der Ausführung. Die Zahl der Funktionen in den Zaubermärchen ist begrenzt. Die Abfolge der Funktionen ist immer gleich."*

Anhand dieser Gedanken entwickelte ich meinen Geschichtenbaukasten. Mit diesem Geschichten zu erfinden, wirkt wie ein Spiel, hat Regeln wie ein solches und wird von den Kindern auch so angenommen. Er besteht aus:

1. einem *Geschichtenbauplan* (zum kostenlosen Download bei DON BOSCO), auf dem nummeriert und mit einem roten Faden verbunden die einzelnen Erzählschritte, die sich einer aus dem anderen entwickeln, angeordnet sind.

## Der Geschichtenbauplan

2. einer *Geschichtenbausteinkiste*, einem kleinen Karteikasten, DIN A8, bestückt mit Karteikarten in den Farben grün, rot, braun, lila, gelb und blau (für den Anfang jeweils fünf Stück) und einer größeren Menge weißer Kärtchen (gibt es fertig im Fachhandel).

3. *Fotoklebepunkte*, um die Kärtchen auf den Plan zu kleben.

4. *Papier und Stift* zum Notieren der Gedanken und Ergänzungen, die die Kinder zu den einzelnen Erzählschritten haben.

Und der Geschichtenbaukasten braucht Sie, ModeratorInnen, PädagogInnen, Eltern, GeschichtenerzählerInnen, die sich *Erzählen für und mit Kindern* aufs Panier geschrieben haben.

## Die Geschichtenbausteinkiste am Beispiel „Der Däumling und die Prinzessin auf dem fliegenden Teppich"

An dieser Stelle, stelle ich Ihnen meine Geschichtenbausteinkiste genauer vor und leite Sie an, sich parallel selbst einen zu bauen. Damit sollten Sie so oft wie möglich mit Kindern Geschichten erfinden und erzählen.

Eigentlich weiß man erst am Schluss, welche Geschichte herauskommen wird, doch, da es sich hier um ein Beispiel handelt, vorweg die Zusammenfassung der erfundenen Geschichte:

*In einer Kuchenbäckerei erhält der Däumling eine Arbeit. Schnell war er es leid immer nur Kuchen zu essen. Ausgerüstet mit Zauberstab und fliegendem Teppich will er in die Welt hinaus, um etwas Deftiges zu essen. Vor dem Abflug trifft er die Prinzessin, die er gern auf seine Reise mitnehmen möchte. Diese will unbedingt einen Kuchen essen. Also zaubert der Däumling einen Kuchen auf den fliegenden Teppich. Sie brechen gemeinsam zur Reise auf und gelangen zu einem Schloss in Afrika. Hier brät die Prinzessin in der großen Schlossküche dem Däumling ein Brathühnchen. Satt und zufrieden kehren der Däumling und die Prinzessin nach Hause zurück und bleiben gute Freunde.*

**Ziel**
- Verstehen und Gebrauchen des Geschichtenbaukastens
- eigene Geschichtenbausteine mit eigener Fantasie herstellen

**Vorbereitung**
- besorgen Sie sich ein DIN A8 Kästchen, buntes Fotopapier in den Farben grün, rot, braun, lila, gelb und blau sowie größere Menge weiße Karteikärtchen in DIN A8
- schneiden Sie aus allen Farben jeweils fünf Kärtchen in der Karteikartengröße als Starterset aus
- einen weißen Stift zum Beschriften und Fotoklebepunkte
- beschriften Sie für die Beispielgeschichte folgende Kärtchen: Kuchenbäckerei (grün), Däumling (rot), Zauberstab (braun), Fliegender Teppich (lila), Prinzessin (gelb) und Schloss in Afrika (blau)
- nehmen Sie den Geschichtenbauplan zu Hand

### Platz 1, Grünes Kärtchen: Wo

*Ort, wo die Geschichte beginnt, wie sieht es dort aus?*

Jede Geschichte beginnt an einem Ort. Ein fantasievoller Ort ist außerordentlich entscheidend für das Gelingen einer Geschichte.

Bereiten Sie fünf grüne Kärtchen vor, indem Sie diese mit Schauplätzen, auch ungewöhnlichen, beschriften, z. B. Spiegelsee, Zaubererflohmarkt, Kuchenbäckerei.

*Fantastische Binome* machen Spaß. Rodari bezeichnet gekoppelte Begriffe, die eigentlich einander fremd sind als *fantastische Binome*. Diese regen die Fantasie an, z. B. ein schiefer Turm der sprechen kann, ein Schrank in dem immer Licht brennt, ein Wald in dem es nach Zitronen riecht. Über solche Orte gelingt der Einstieg leicht.

Zum Ort können und sollen Sie die Kinder nach allem fragen, was Ihnen gerade einfällt. Fragen Sie nach möglichst vielen Sinneseindrücken: sehen, hören, riechen, schmecken, fühlen usw.

Gezieltes Fragen und anschließendes Zusammenfassen, das ist die Moderationsleistung, die spezielle Aufgabe von Ihnen beim Geschichtenentwickeln mit Kindern.

Wie groß ist die Bäckerei, fragen Sie zum Beispiel, wonach riecht es. Welche Farbe herrscht vor? Was hört man, wenn man in harten Zuckerguss beißt? Wie schmeckt ein rosa Kuchen? Wie fühlt sich Kuchenteig an?

Notieren Sie alle zusätzlichen Gedanken und Begriffe auf einem Blatt Papier. Wenn Sie mit einer Gruppe eine Geschichte bauen, dann bitten Sie jemanden (ErzieherInnen, LehrerInnen o. ä.) Protokollführer zu sein.

*Däumlingsgeschichte*

*Nehmen Sie bitte das grüne Kärtchen „Kuchenbäckerei" und kleben Sie es auf Platz 1 des Geschichtenbauplans.*

*Notieren Sie die Antworten auf Ihren Protokollbogen (wenn Sie eigene Geschichten erfinden, dann vermerken Sie die Antworten der Kinder): schön warm, fünf Stockwerke hoch, riecht nach Himbeerkuchen und Schokotorte.*

## Platz 2, rotes Kärtchen: WER

*Wer lebt dort, wie sieht unser Held aus, was hat er/sie an, was kann er/sie?*

Nehmen Sie fünf rote Kärtchen und schreiben Sie mit weißem Stift bekannte Märchenfiguren wie Däumling, Prinz, Prinzessin, Riese und Zwerg auf. (Später denken Sie sich selbst Zauberwesen aus, z.B. einen Humm (Kobold, der 24m groß ist), ein Hausmonster usw.)

Die Helden unserer Geschichte müssen noch durch Fragen entsprechend ausgestattet werden. Lebt der Held an besagtem Ort, ist er nur auf Besuch oder gar auf der Flucht? Wie lautet sein Name? Was hat er/sie an? Kindern ist märchenhaftes Aussehen wichtig. Gold und Glitzer gehören dazu, die Farbe der Haare, des Bartes usw. Um aber ein Held zu sein, braucht er/sie auch Charaktereigenschaften, Bedürfnisse und besondere Fähigkeiten. Auch das fragen Sie aus den Kindern heraus.

Wenn den Kindern nichts einfällt, fragen Sie, ob ihr Held z.B. trompeten kann wie ein Elefant, ob er sich ausschließlich von Erdbeerpudding ernährt, ob der Däumling Kuchen wirklich so gerne isst o.Ä. Anschließend fassen Sie die Antworten möglichst in Sätzen zusammen und fragen Sie nach, ob die Kinder mit der Fassung einverstanden sind. Allgemeinen Konsens demokratisch mit Abstimmen herbeizuführen ist notwendig. Nehmen Sie alle Vorschläge auf, auch die, die nicht passen; schlagen Sie vor, diese später zu verwenden.

*Däumlingsgeschichte*
*Nehmen Sie die rote Karte „Däumling" und kleben Sie diese auf Platz 2.*
*Notieren Sie z. B.: Der Däumling ist ein geschickter kleiner Kerl, der gerne Kuchen isst und sehr neugierig ist. Er fragt um Arbeit in der Kuchenbäckerei und erhält eine in der Zuckergussabteilung.*

Das Kleben farbiger Kärtchen auf den richtigen Platz und das Aufschreiben der Gedanken gehört zum Geschichtenerfinden dazu. Wie Spielregeln zu einem Spiel! Kindern hilft es, sich zu orientieren.

### Platz 3, weißes, leeres Kärtchen: WAS

*Was hat der Held für ein aktives Bedürfnis, was will er/sie, was er/sie an diesem Ort nicht bekommt und warum?*

An dieser Stelle erbringen die Kinder die wichtigste Eigenleistung im ganzen Entwicklungsprozess der Geschichte. Hier werden Gedanken zu einer Geschichte, hier identifizieren sich die Kinder in ihrer Fantasie mit dem Helden. Der Held beginnt zu leben und zu erleben und die Kinder mit ihm.

Kinder, mit denen zum ersten Mal eine Geschichte erfunden wird, bringen Sie durch behutsames Fragen: was, warum und wieso und vielleicht doch? dazu, sich etwas auszudenken und zu sagen. Planen Sie dafür viel Zeit ein.

*Däumlingsgeschichte*
*Weißes Kärtchen auf Platz 3: Nach wochenlangem Kuchenessen wünscht sich der Däumling wieder etwas Herzhaftes zu essen. Notieren Sie im Protokoll: Er träumt von Bratwurst und Brathühnchen und beschließt, danach auf die Suche zu gehen.*

### Platz 4, braunes Kärtchen: WAS

*Was braucht er/sie für einen magischen Gegenstand auf seiner/ihrer Reise? Was nimmt er/sie auf seine/ihre Reise mit?*

Beschriften Sie fünf braune Karten mit Gegenständen aus den Zaubermärchen: Zauberstab, Glücksstein, Wunschring usw.

Im Lauf der Zeit können Sie auch von den Kindern gefundene magische Gegenstände in Ihren Geschichtenbaukasten übernehmen.

An dieser Stelle befindet sich die Geschichte an einem Punkt, wo sie Eigendynamik entwickelt. D.h., wenn der Held bereits mit magischen Gegenständen und Fähigkeiten ausgestattet wurde (s. Platz 2), wollen die Kinder, dass er die mitnimmt und verwendet. Dann schreiben Sie das Gewünschte auf ein leeres braunes Kärtchen und kleben dieses auf den Plan.

*Däumlingsgeschichte*
*Ziehen Sie das braune Kärtchen „Zauberstab" und kleben Sie es auf Platz 4.*
*Notieren Sie: Der Däumling fand in der Mehlschublade einen glitzernden Zau-*
*berstab.*

## Platz 5, lila Kärtchen: WOMIT

*Womit reist er/sie? Ein Transportmittel zum Gehen, Fahren, Hüpfen, Fliegen oder*
*Schwimmen.*
Nehmen Sie fünf lila Karten, beschriften Sie erst einmal drei z. B. mit fliegender
Teppich, Tisch, der schwimmen und fliegen kann, Bett, das von einem geflügel-
ten Pferd gezogen wird. Lustig ist auch: eine Motorbanane, ein Esel, der nur geht
wenn gesungen wird usw. Auf die zwei leeren Kärtchen können Sie besonders
gute Vorschläge der Kinder aufschreiben.

*Däumlingsgeschichte*
*Nehmen Sie die lilafarbene Karte „fliegender Teppich" und kleben Sie dieses auf*
*Platz 5. Notieren Sie: Er kam vom Himmel herabgeschwebt, glitzernde Fransen.*

An dieser Stelle, bevor der Konflikt kommt (der Gegner, der die Reise verhindern
möchte), ist es wichtig, dass die Geschichte zum ersten Mal zusammengefasst
und erzählt wird. Die Situation und das Wollen des Helden werden klar geschil-
dert. Erzählen Sie den bis hierher gefundenen Plot in ganzen Sätzen, möglichst
in der Vergangenheit, enden Sie mit *aber* in fragendem Tonfall.

*Däumlingsgeschichte*
*Es war einmal eine Kuchenbäckerei. Sie war fünf Stockwerke hoch und schön*
*warm. Im ganzen Haus roch es nach köstlichstem Kuchen: Himbeerkuchen,*
*Schokotorten und vielen mehr.*
*Eines Tages fragte der Däumling nach Arbeit in der Kuchenbäckerei. Er war ein*
*kleiner geschickter und neugieriger Kerl, der sehr gerne Kuchen aß. Er bekam in*
*der Zuckergussabteilung Arbeit.*

*Nachdem er wochenlang nur Kuchen gegessen hatte, wollte er wieder einmal etwas Herzhaftes essen. Sein Wunsch wurde so stark, dass er nachts schon von Bratwürsten und Brathühnchen träumte. Deshalb beschloss er, danach auf die Suche zu gehen. Während der Arbeit fand er in der Mehlschublade einen glitzernden Zauberstab: „Hm, den kann ich brauchen!", dachte er und nahm ihn mit. Als er vor die Tür ging, kam gerade ein fliegender Teppich mit glitzernden Fransen vom Himmel herabgeschwebt. Der Däumling legte den Zauberstab auf den Teppich und wollte selbst heraufsteigen, um dorthin zu fliegen, wo er etwas herzhaftes zum Essen fand. Aber in diesem Moment kam ...*

### Platz 6, gelbes Kärtchen: WER

*Wer versucht den Helden an der Reise zu hindern? Ein Gegenspieler hält den Helden auf und stört ihn. Warum, womit?*

Eine Geschichte braucht Konflikte, um spannend zu sein. Durch einen Gegner entsteht ein Konflikt. Ein Gegner muss aber nicht unbedingt böse sein, er muss lediglich versuchen, den Helden von seinem Plan abzubringen.

Nehmen Sie fünf gelbe Kärtchen und beschriften Sie diese mit bekannten Märchenfiguren: Hexe, Räuber, Prinzessin usw. Auch hier bringt Fantasie Leben und Humor in die Geschichte: Ein Känguru, das genau zwei Meter hoch hüpfen kann, eine Schnecke, die Sehnsucht nach einem Freund hat oder ein Elefant, der einmal in einem Bett schlafen will ...

Durch Fragen lassen Sie den Gegner lebendig werden. Wie sieht er aus, was will er eigentlich, was kann er, warum will er die Reise verhindern?

Sie können die Kinder die Begegnungen von Held und Gegner als Rollenspiel spielen lassen. So finden die Kinder zu Ideen, die Sie notieren können.

*Däumlingsgeschichte*
*Ziehen Sie die gelbe Karte „Prinzessin" für Platz 6.*
*Notieren Sie: Die Prinzessin gefiel dem Däumling außerordentlich gut, er wollte sie einladen und auf die Reise mitnehmen. Aber die Prinzessin wollte lieber da bleiben, damit sie Kuchen kaufen und essen konnte.*

## Platz 7, weißes, leeres Kärtchen: WIE

*Wie besiegt der Held seinen Gegenspieler? Kampf und Sieg des Helden.*
Dieser Erzählschritt muss mit und von den Kindern selber gefunden werden.
An diesem Punkt, ist behutsames Lenken gefragt. Töten und mit Gewalt besie-
gen lassen sich vermeiden, fragen Sie ganz ruhig nach anderen Wünschen und
Lösungen. Reden Sie mit den Kindern darüber und lassen Sie mit Augenmass
das zu, was zum Abbau von Aggressionen gebraucht wird. Versuchen Sie, die
Kinder an die Fähigkeiten, die Mittel und die Schlauheit ihres Helden zu erin-
nern, um eine gewaltfreie Lösung herbeizuführen.

*Däumlingsgeschichte*
*Auf eine weiße Karte schreiben Sie: Der Däumling zauberte mit seinem Zauber-*
*stab einen Schokoladenkuchen auf den fliegenden Teppich und lud die Prinzes-*
*sin ein. Kleben Sie das Kärtchen auf Platz 7.*
*Notieren Sie: Jetzt stieg die Prinzessin auf den Teppich und flog mit.*

Wenn die Geschichte nicht weitergeht, ist an dieser Stelle auch ein Joker mit
Zauberkräften einsetzbar, z. B.: ein Zauberer, eine Fee oder eine Hexe. Nur in der
größten Not auf dieses Hilfsmittel zurückgreifen!

## Platz 8, blaues Kärtchen: WO

*Wo endet die Reise? Ort. Welche Zwischenstation oder Endstation gibt es?*
Nehmen Sie fünf blaue Karten und beschriften Sie diese mit Orten, z. B. Schloss
in Afrika, Urwald, Stadt. Lassen Sie zwei Karten für die Fantasie der Kinder leer.
Später können Ihre Ortsangaben ungewöhnlich sein. Dies ergibt manchmal die
unwahrscheinlichsten und interessantesten Wendungen in einer Geschichte.
Eigenkreationen schreiben Sie auf ein leeres blaues Kärtchen. Gedanken dazu
ins Protokoll.
Was glauben Sie, was ein fliegender Elefant auf einem Schiff erleben kann? Oder
ein König, der nur Schokolade isst im Unterwasserschloss des Wassermanns?

Eigentlich ist der Ort auf den blauen Kärtchen dafür gedacht und bestimmt, hier die Geschichte zu Ende gehen zu lassen. Dementsprechend wird er durch Fragen mit besonderen Eigenschaften ausgestattet. Z. B. kann das Schiff einen Riesenkäfig mit Elefantenfutter geladen haben, oder der Wassermann kann in seiner Schatzkammer eine Kiste voll Schokolade haben, oder, oder.

Manchmal aber hat die Geschichte schon so viele eigene Kräfte entwickelt, dass es einfach nicht möglich ist, sie hier zum Schluss zu führen. Dann macht man an dieser Stelle einen Kunstgriff, es gibt eine Verzögerung, eine Zwischenlandung, ein Zwischenerlebnis, aber es gibt zumindest Hinweise und Hilfe zur Lösung.

*Däumlingsgeschichte*
*Ziehen Sie die blaue Karte „Schloss in Afrika" und kleben Sie diese auf Platz 8.*
*Notieren Sie: Mit großer Schlossküche.*

An dieser Stelle empfiehlt sich wieder eine Zusammenfassung der bereits erfundenen Geschichte. Sie sollten auch versuchen, die Kinder erzählen zu lassen.

## Platz 9, weißes, leeres Kärtchen: WIE

*Wie wird der Heldenwunsch erfüllt?*
Fragen Sie die Kinder: *„Was hat der Held getan oder bekommen, damit sich sein sehnlichster Wunsch erfüllt hat. Wie hat er sich gefühlt, was hat er gesagt? Wer oder was hat ihm geholfen?"* Kindern ist die Erfüllung des Heldenwunsches sehr wichtig. In der Geschichte verarbeiten sie ihre eigenen Wünsche und Sehnsüchte.

*Däumlingsgeschichte*
*Schreiben Sie auf eine weiße Karte: Die Prinzessin briet in der Schlossküche ein Hähnchen für den Däumling. Kleben Sie diese auf Platz 9.*
*Notieren Sie: Der Däumling aß das von der Prinzessin gebratene Hühnchen mit großem Appetit und fühlte sich gut. Bleiben wollte er nicht im Schloss in Afrika.*

## Platz 10, weißes, leeres Kärtchen: ENDE

*Finden Sie ein gutes Ende, eine Hochzeit oder Heimkehr.*

Kleine Kinder lieben es, wenn der Held zur Familie, nach Hause, zurückkehrt. Größere Kinder finden es spannend, wenn der Held auch in der Ferne einen Freund oder Partner findet und bei ihm bleibt und glücklich wird.

*Däumlingsgeschichte*
*Beschriften Sie ein weißes Kärtchen: Der Däumling fliegt mit der Prinzessin wieder nach Hause und sie bleiben Freunde.*
*Notieren Sie: Dort wartet er auf sein nächstes Abenteuer.*

## Platz 11, weißes, leeres Kärtchen: TITEL

*Wie heißt die Geschichte?*

Der Titel soll eine Frage im Kopf des Zuhörers aufwerfen, ihn neugierig machen. Versuchen Sie die merkwürdigen und die magischen Begriffe im Titel unterzubringen.

*Däumlingsgeschichte*
*Schreiben Sie auf eine weiße Karte „Der Däumling und die Prinzessin auf dem fliegenden Teppich" und kleben Sie diese auf Platz 11.*

Gemeinsam mit den Kindern fassen Sie nun die Geschichte zusammen. Verbinden Sie dazu die Worte und Sätze der einzelnen Kärtchen mit den Ergänzungen aus dem Protokoll. Sie werden sehen, die Geschichte ist in sich logisch, ist leicht zu merken und zu erzählen. Die Ereignisse entwickeln sich eines aus dem anderen, es gibt einen kausalen Zusammenhang.

Wenn Sie dann die Geschichte erweitern und ausschmücken, können Sie eine lange Geschichte daraus machen.

Überprüfen Sie zum Schluss die Geschichte: Sind die Personen (Held und Gegner) deutlich dargestellt? Hat der Held einen die Geschichte tragenden Wunsch? Entwickelt sich die Handlung logisch? Ist der Konflikt, der Sieg des Helden über den Gegner deutlich?

Gibt es ein gutes Ende? Enthält die Geschichte viele lebendige Dialoge? Ist der Titel geheimnisvoll? Werden in der Geschichte alle fünf Sinne angesprochen?

**Weitere Tipps**

Von DON BOSCO gibt es einen fertigen Geschichtenbaukasten mit 144 Handlungskarten für das Kamishibai zu kaufen, dieser ermöglicht Ihnen und den Kindern spielend leicht Geschichten zu erfinden.

Benutzen Sie zum Anreichern und Ausbauen einer Geschichte eine Mindmap.

Erzählen Sie eine Geschichte in der Vergangenheit *„Es war einmal …"*

Achten Sie auf die Geschichtengrammatik (Storygrammar): es gibt einen Anfang, einen Held, einen Konflikt in Form eines Gegners und damit einen Höhepunkt, eine Lösung und einen Schluss.

## Die Geschichte erzählen

Bitten Sie die Kinder zu den einzelnen Erzählschritten Bilder zu malen. Diese sollen nur Gedächtnisstützen sein und müssen daher nicht exakt ausgearbeitet werden. (Dies kann ein neues Projekt ergeben.) Die Kinder sollen nur das skizzieren, was ihnen in ihren Erzählabschnitten wichtig erscheint. Vielleicht brauchen die Kinder zu Beginn Hilfe für diese Entscheidung.

Wenn die Kinder etwas zu ihren Bilder im Kamishibai erzählen, dann verbinden und ergänzen Sie als Moderator die einzelnen Erzählabschnitte.

Die Kinder werden stolz darauf sein, ihre eigene Geschichte mit selbstgemalten Bildern zu erzählen und Sie ermöglichen ihnen damit das Erlebnis eigenen mündlichen Erzählens.

# Erzählen mit Grundschulkindern

*„Erzählen zeigt nicht nur Effekte auf die Sprachbildung, sondern hat allgemein eine Bedeutung in Hinblick auf Lernen, Leisten und die Entwicklung der Persönlichkeit."* (vgl. Huber, Hagen 2005, Kahlert 2005)

Zwischen 5 und 10 Jahren sind Kinder im idealen Erzählalter. Sie sind offen und fähig viele ihrer Probleme über das Erzählen aufzuarbeiten. Dabei entwickeln sie ihre Erzählfähigkeit. Außerdem sind sie bereits in der Lage die formale Seite des Erzählens zu nutzen und zu verankern:

1. Was ist eine Geschichte?
2. Wie ist eine Geschichte aufgebaut?
3. Gehobene Sprache.
4. Wie entwickelt sich ein Dialog zu einer Szene?
5. Texte verstehen ist eine wichtige Voraussetzung zum Lesen und Schreiben.

Mit selbst erfundenen, gestalteten und erzählten Geschichten entführen Sie die Kinder in die Welt der Geschichten. Bei Kindern ist der Übergang von der realen zur fiktiven Welt fließend. Die selbst gebauten Geschichten sind eine Mischung aus beiden Welten und beinhalten etwas, was in der Alltagserzählung und der Alltagssprache nicht vorkommt.

**Aus der Praxis**

*Niemals im Leben hätte ich gedacht, dass ein Kasten mit zwei Türen solch eine Wirkung auf Kinder haben könnte. Am Anfang waren die Kinder noch skeptisch, wie ein Holzkasten ihre Kreativität anregen soll. Doch nach der ersten selbst gemalten Geschichte änderte sich das – der Zauber des Kamishibais begann zu wirken. Die Kinder haben sich Geschichten ausgedacht, die voller Phantasie und Humor waren, haben jede Szene mit Eifer gemalt, so dass jede Geschichte ein buntes Feuerwerk an Ideen war. Das Kamishibai begeisterte alle, selbst Kinder, die nur wenig deutsch konnten und sich vorher scheuten vor den anderen zu sprechen, erzählten ihre Geschichte. So verwandelte sich der triste Konferenzraum in eine Theaterbühne und brachte so maches Erzähltalent zum Vorschein.*

*Joanna Wołowska, Betreuerin in einem Ferienfreizeitlager der deutschsprachigen Minderheit in Schlesien*

# Geschichtenbaumeister werden

### Ziel
- Freiräume für Fantasie schaffen
- Über das Erfinden eigener Geschichten den Weg zu freien Mündlichkeit entdecken

### Vorbereitung
- nehmen Sie den Geschichtenbaukasten von DON BOSCO zur Hand oder stellen Sie ihren selbstgefertigten Geschichtenbaukasten bereit
- den Geschichtenbauplan (zum kostenlosen Download bei DON BOSCO) je nach Größe des Kamishibais laminieren

- Fotoklebepunkte
- festes Zeichenpapier in der Größe des Kamishibais und in verschiedenen Farben
- kräftige Farbstifte

Laden Sie die Kinder ein, gemeinsam mit Ihnen eine Fantasiegeschichte – eine fantastische Heldenreise – zu entwickeln und zu bauen. Erläutern Sie ihnen zuvor die Funktion des Bauplans sowie der bunten und weißen Bausteine (s. Kapitel *„Geschichtenbaukasten"*). Erklären Sie den Kindern, dass eine Geschichte zu erfinden, wie das Bauen eines Hauses ist: jede Arbeit ist wichtig, *es nützt nichts, wenn eine Mauer, d. h. ein Begriff besonders hoch ist.*

Entfalten Sie für die Kinder Schritt für Schritt die Struktur der Geschichte (Story-grammar): Anfang, Held, Wunsch des Helden, magische Helfer, Konflikt, Kampf und Sieg des Helden, Wunscherfüllung und das gute Ende.

Beginnen Sie die Geschichte zu erfinden, indem Sie ein Kind bitten, aus dem grünen Kartenvorrat eine Karte zu ziehen und diese mit einem Fotoklebepunkt auf den Geschichtenbauplan im Kamishibai zu kleben. Notieren Sie sich in einem Protokoll die Vorschläge der Kinder zu diesem Baustein. Dann zieht das nächste Kind ein rotes Kärtchen und klebt es auf den Bauplan. Wieder protokollieren Sie die Ideen. Bei einem weißen Kärtchen ist die Kreativität der Kinder gefragt, denn dieser Erzählschritt soll von den Kindern selbst erfunden werden. Nachdem ein geeigneter Vorschlag auf das Kärtchen geschrieben wurde und dieses auf den Bauplan geklebt wurde, zieht ein weiteres Kind ein braunes Kärtchen. Usw.

Fragen Sie während des Geschichtenerfindens nach Sinneseindrücken *„Wie riecht es hier? Wie fühlt sich etwas an?"*. Bitten Sie die Kinder die Augen zu schließen und sich in die Figur hineinzudenken. Treten in einem Erzählabschnitt mehrere Personen auf, können Sie die Szene mit Fingerpüppchen, Handpuppen o. ä. spielen lassen, das hilft den Kindern Dialoge zu gestalten und Text zu finden. Flechten Sie bereits beim Erfinden der Geschichte Überlegungen ein, wie z. B.: *„Was ist in dem Erzählabschnitt besonders wichtig? Wie kann es dargestellt werden?"*

Ideal ist es, wenn eine zweite Person, den Inhalt der Geschichte in Stichworten in einem Protokoll festhält. Während die Geschichte während des Bauens in der Gegenwart erlebt wird, wird sie beim Erzählen in der Vergangenheit wiedergegeben (*Es war einmal ...*).

Nach dem Geschichtenerfinden sollen die Kinder zu den einzelnen Erzählabschnitten Bilder malen. Je nach Anzahl der Kinder, können mehrere Bilder zu einem Abschnitt entstehen bzw. kann ein Kind zu mehreren Abschnitten Bilder malen.

Stellen Sie danach die Bilder der Reihe nach in das Kamishibai. Nun heißt es *Bühne frei* für die Geschichte. Jedes Kind erzählt sein Bild und Sie verbinden und ergänzen als Moderator die einzelnen Erzählabschnitte.

**Tipp**

Geübte Kinder brauchen keine vorgefertigten Bausteine mehr, sie können sich Bausteine oder sogar eine Geschichte komplett selbst ausdenken.

Das Erfinden einer Geschichte ist auch ein schönes Freizeitspiel für den Urlaub und für Regentage. Auch als Vorübung zu Erlebnisaufsätzen eignet sich das Geschichtenerfinden.

## Die hilfreiche Königin

Die hilfreiche Königin ist eine spannende Geschichte, die anhand des Geschichtenbaukastens von einer Gruppe Schulkinder aus München gebaut, erfunden, gestaltet und mit selbstgemalten Bildern, bildgestützt mit dem Kamishibai erzählt wurde. Sie soll an dieser Stelle verdeutlichen, wie spielerisch mit dem Geschichtenbaukasten eine Geschichte entwickelt werden kann. Die einzelnen Geschichtenbausteine sind, wie auf dem Geschichtenbauplan, farbig hervorgehoben.

*Mitten in einem riesigen Park lag das* Königsschloss *(Platz 1: Wo beginnt die Geschichte?) einer reichen und mächtigen Königsfamilie. Bei Sonnenschein*

leuchteten gelbe Mauern und rote Dächer durch das Grün vieler Zwetschgen-
und Kirschbäume. Es duftete nach Erdbeeren und Kirschen und überall im Park
herrschte reges Treiben. Auf der Pferdekoppel wieherten schöne Pferde, ein Reit-
lehrer erteilte Kommandos, Kinder lachten und schrien durcheinander.

*Königin Annalisa* (Platz 2: Wer ist an besagtem Ort?) *hielt sich mit ihren drei Kindern gerne auf der Terrasse und im Park auf. Die Kinder sangen, tanzten, spran-
gen und kletterten den ganzen Tag, während der König am liebsten sein Geld
und sein Gold in seiner Schatzkammer zählte. Königin Annalisa war eine gute
Mutter, sie hatte viel Freude mit ihren Kindern und sie war eine hübsche Königin.
Gerne zog sie sich schön an und schmückte sich, der König war stolz auf sie und
mochte sie sehr. Jedoch Königin Annalisa litt darunter, dass der König sie bei
den Belangen des Königreiches gar nicht mitreden ließ. Er, der König schwelgte
in Geld und Gold, die Untertanen aber waren arm und hungerten, ja sogar die
Bauern hatten keine Nahrungsmittel und kein Saatgetreide mehr.*

*Eines Morgens gleich nach dem Aufwachen dachte Königin Annalisa wieder an
die armen Leute und sie beschloss: „Ich muss in die Welt hinaus und Hilfe für das
hungernde Volk suchen! Ich muss Nahrungsmittel und Getreide kaufen und hierher transportieren lassen."* (Platz 3: Was hat der Held für einen Wunsch?) *Aber
wie sollte sie das anstellen? Königin Annalisa schaute in ihrem Zimmer herum.
Überall nur Reichtum, Gold und Glitzer, ein weiches Bett aus Seide und in der
Ecke eine prächtige Kommode mit Schubladen.*

*Königin Annalisa zog eine Schublade nach der anderen auf und fand in der letz-
ten schließlich einen* Zauberstab (Platz 4: Was braucht der Held für einen magischen Gegenstand auf der Reise?) *auf dem ein Etikett klebte „zaubert am liebsten
Schmuck und in der Not auch einen Feuerlöscher." Überrascht drehte sie den
Zauberstab in ihren Händen. „Könnte nützlich sein! Schmuck kann man zu Geld
machen und für Geld kann man fast alles kaufen." dachte sie und steckte ihn ein.
Mit leisen Schritten ging sie durch das noch schlafende Schloss, die Gänge hin-
unter in den Park und traf gleich bei dem ersten Kirschbaum ihre Freundin Maria,
den schwarzglitzernden* Riesenschmetterling (Platz 5: Womit reist der Held?).
*Sanft strich Maria der Königin mit dem Flügel über die Wange: „Was machst Du*

schon so früh im Park?" Königin Annalisa erzählte von ihren Plänen, betrachtete dabei die 2 m große Maria und sagte: *„Du könntest mich doch hinaus in die Welt tragen!"* Maria war sofort einverstanden und begeistert: *„Setze dich auf meinen Rücken, ich trage Dich, wohin du willst!"* Königin Annalisa freute sich über die gute Lösung, griff vorsichtig nach einem der schwarzglitzernden Flügel und hob ein Bein um aufzusteigen.

Doch da spürte sie einen festen Griff am Arm und hörte die Stimme ihres Gemahls, des Königs (Platz 6: Wer versucht den Helden an der Reise zu hindern?): *„Du darfst nicht wegfliegen, ich mache mir Sorgen, ich habe Angst um dich!"* Schnell antwortete Annalisa: *„Du brauchst dir keine Sorgen zu machen, ich halte mich schon fest!"* *„Warum willst du überhaupt weg? Welchen Grund hast du?"* *„Unse-re Untertanen hungern, du gibst ihnen nicht genug Nahrung und Getreide. Ich*

Jakob, 9 Jahre

schaue mich jetzt in der Welt um und suche Hilfe für unser Volk!" „Pa, das Volk! Du bist mir wichtig!" sagte der König und ließ Annalisas Arm nicht los.

Annalisa überlegt, wie sie sich befreien könnte. Da sie wusste wie geldgierig der König war, zauberte sie mit dem Zauberstab einen glänzenden Goldschatz (Platz 7: Wie besiegt der Held den Gegner?) an die Schlossmauer: „Sie doch, dort!" rief sie und zeigte darauf. Sie hatte sich nicht verrechnet. Augenblicklich ließ der König ihren Arm los und lief zu dem Gold.

Königin Annalisa setzte sich auf den Riesenschmetterling und bat ihn, loszufliegen. Maria schwang ihre Flügel und bald waren sie hoch in der Luft. Das Schloss war von hier oben ganz klein, die Pferde so groß, wie Ameisen. Maria glitt durch die Lüfte und schaute ab und zu in die glitzernden Punkte der Flügel, wie in einen Rückspiegel. Plötzlich rief sie: „Ein feuerspeiender Drache verfolgt uns! Die Königin erschrak und machte sich darauf gefasst, den Feuerlöscher herzaubern zu müssen. Doch Maria rief: „Wir müssen eine Notlandung machen und uns verstecken! Halt dich fest!" Im Steilflug flog sie nach unten.

Zum Glück konnten sie auf einem Berggipfel landen, in dessen Flanke eine große Höhle (Platz 8: Wo endet die Reise?) war in der sie sich verstecken wollten. Vorsichtig gingen sie hinein und trafen schon bald auf einen wilden Urmenschen, der aber sehr freundlich fragte. „Was wollt ihr hier? kann ich Euch helfen?" „Wir werden von einem Drachen verfolgt und außerdem sind wir auf der Suche nach Getreide und Nahrungsmitteln für mein Volk." sagte Königin Annalisa.

„Wegen des Drachens macht euch keine Sorgen," sagte der Urmensch, „wenn der euch nicht mehr sieht, vertrollt der sich schon. Aber wegen eures anderen Anliegens, kommt mit, ich zeige euch etwas." Maria und Annalisa folgten dem Urmenschen weiter in die Höhle hinein. Hinter einer Biegung stand da auf einmal ein Gartenzwerg. Freundlich lächelnd, wie alle Gartenzwerge. „Schau dir den Gartenzwerg genau an, er hat eine für euch hilfreiche Sache", forderte der Urmensch Annalisa auf. Königin Annalisa fand eine glänzende Welt-Geheimkarte auf der die wichtigsten Getreidevorkommen eingezeichnet waren (Platz 9: Wie wird der Heldenwunsch erfüllt?). Begeistert rief sie: „Danke, oh danke, für dies wunderbare Karte. Jetzt weiß ich, wo ich suchen muss."

*Es war dann auch sehr einfach, mit gezaubertem Schmuck Getreide und Nah-*
*rungsmittel zu kaufen und den Transport ins Königreich zu organisieren.*
*Zurück im Königsschloss gab es nur zufriedene Gesichter. Der König war froh,*
*seine Königin wieder zu haben, das Volk war glücklich, endlich genug Essen*
*zu haben.* (Platz 10: Ende) *Und der König war sogar so stolz auf seine tüchtige*
*Königin, dass er sie von nun an mitreden und mit organisieren ließ, wenn es um*
*die Versorgung der Untertanen ging. Es gab keinen Hunger mehr im Land, die*
*Händler brachten jetzt regelmäßig Nahrungsmittel, die Königin bezahlte sie gut.*
(Platz 11: Titel)

## Vom Dialog zur Szene

### Humm aus dem Geisterschloss

(Szene für 3 Spieler)

### Ziel
- Sprache entstehen lassen
- aus einem Dialog eine Szene gestalten und in eine Erzählung einarbeiten
- Mündlichkeit fördern
- Selbstbewusstsein stärken

### Vorbereitung
- eine Geschichte erfinden
- Hintergrundbild je nach Größe des Kamishibais malen
- verschiedene Figuren basteln und an Schaschlikstäbe kleben

Erarbeiten Sie mit den Kindern aus Dialogen richtige Szenen. Lassen Sie dafür
die Kinder die Szenen spielen. Fragen Sie, welches Kind sich traut eine Figur zu
übernehmen. Halten Sie die Szene in einem Protokoll fest und bringen Sie sich
selbst als Erzähler ein. Lassen Sie die Kinder verschiedene Figuren basteln, an
den oberen Rand der Figuren werden zwei Schaschlikstäbe geklebt.

*Humm aus dem Geisterschoss, gespielt von Lukas und Lena*

**Erzähler:** *Doch gerade, als er den rechten Fuß in den rechten Schuh stecken wollte und vor sich hin sang:*

**Humm:** *Ach ist das ein schönes Wetter la la la! Jetzt gehe ich fort und such einen Freund la la la ...*

**Erzähler:** *Da hörte er ein merkwürdiges Geräusch, er schaute auf und erschrak – ein Monster aus dem Monsterschloss, das hinter dem Berg lag, kam herangeschwebt. Humm wusste, Monster sind auf Geister nicht gut zu sprechen.*

**Monster:** *Hulla, holla, halla! Das würde dir so passen! Hulla! Bleib ja da! Holla! Gib sofort die Zauberschuhe her, sonst gibt es Ärger! Halla! Holla!*

**Humm:** *Ach nee Husmull! Junge wie siehst du denn aus! Hahaha!*

**Monster:** *Keine Beleidigungen hier! Hulla, holla, halla! Sonst ... hulla!*

**Humm:** *Ich will jetzt aber weg hier! Und zwar gleich und sofort! Geh mir aus der Bahn!*

**Erzähler:** *Doch das Monster blies sich jetzt erst recht auf und wich keinen Millimeter zur Seite. Da hatte Humm eine Idee. Wozu hatte er denn den Wunderstaub eingesteckt. Humm griff in die Tasche, öffnete das Döschen und schleuderte dem Monster den Wunderstaub ins Gesicht.*

**Humm:** *Du hast es nicht anders gewollt! Jetzt werde selig lalala ... du Nervensäge, lalala ...*

**Erzähler:** *Kaum hatte das Monster etwas von dem Wunderstaub eingeatmet verwandelte es sich in eine winzig kleine Maus.*

**Monster:** *Quiek, quiek, quiek!*

**Erzähler:** *Das kleine Mäusemonster rannte quietschend davon und Humm konnte jetzt endlich auch den rechten Schuh anziehen und los marschieren.*

**Tipp**

Ermutigen Sie die Kinder verschiedene Stimmlagen und Körpersprache einzusetzen.

## Über Symbole zur freien Mündlichkeit

### Funkeln wie die Sterne

**Ziel**
- lösen von der Beschreibung konkreter Bilder
- das Wichtigste festhalten

**Vorbereitung**
- Geschichte oder Märchen vorbereiten
- Bilder herstellen oder aussuchen, z. B. Fotografie oder Grafik, die das Gefühl, die Botschaft oder den Inhalt einer Szene vereinfacht darstellen

Märchen lassen sich auch mit verfremdeten Fotografien erzählen. Die Bilder verdeutlichen den Inhalt des Textes in Form von Symbolen. Die verschwommen funkelnden Edelsteine auf der Abbildung erinnern z. B. an Sterne. Dieses o. ä. Bilder können Sie verwenden, wenn Sie von dem Kleid erzählen, das so leuchtet wie die Sterne.

Je weniger Gegenständliches Kinder auf einem Bild sehen, desto mehr wird durch Assoziationen *Kino im Kopf* angeregt und zu eigener Sprache produziert. Bildgestütztes Erzählen mit Symbolen, weist Wege zum freien mündlichen Erzählen und bietet ganz eigene Gestaltungsmöglichkeiten.

*Verschwommen funkelnde Edelsteine*

**Tipp**

Üben Sie mit den Kindern Symbole selbst zu finden, z. B. zwei Ringe = Hochzeit, Wiege = Geburt, Pfanne = Küche usw.

# Legenden, Mythen, Heldensagen

Kinder am Ende der Grundschulzeit fühlen sich allmählich zu erwachsen für Märchen. Eine gute Alternative sind dann die Geschichten aus der germanischen, griechischen und römischen Mythologie. Sie schildern unglaubliche Abenteuer, überirdisches Heldentum und unermessliche Liebe. Mythen besitzen einen einfachen Aufbau und symbolhaften Charakter. Zu allen Zeiten inspirierten sie Maler farbenreiche und dramatische Gemälde zu schaffen. Wenn Sie entsprechende Bilder aus Museen, Ausstellungskatalogen, Kunstbänden usw. im Kamishibai zeigen und sie als Stütze für die Erzählung von Mythen und Sagen benutzen, leisten Sie einen wertvollen Beitrag zur ästhetischen Bildung der Kinder.

## Die Nymphe Echo

**Ziel**

- Leseinteresse und -verständnis fördern
- Kulturerhalt und ästhetische Bildung
- über Gefühle sprechen

**Vorbereitung**

- eine Begriffsliste für die Vorbereitung und Nachbereitung erstellen
- Bildmaterial, z. B. aus Ausstellungskatalogen, auf dem die Nymphe Echo dargestellt ist für das Kamishibai besorgen oder erstellen

*Die hübsche junge Nymphe Echo war im Olymp wegen ihres lieblichen Geplauders bei allen beliebt. Selbst Hera, die große Göttin suchte ihre Nähe. Als aber eines Tages Hera vermutete, Echo verwickele sie absichtlich in Gespräche, um ihren Freundinnen, den anderen Nymphen, zu einem ungestörten Treffen mit Zeus zu verhelfen, ersann die eifersüchtige Hera eine fürchterliche Strafe. Hera befahl die Nymphe Echo zu sich. „Zu Diensten, eure Mächtigkeit." Die Nymphe Echo, klein und zart in hellgrünem Kleid, lief herbei. Hera hob ihre Hand, „Du*

Echo, du mit deiner Geschwätzigkeit", sprach sie laut, für alle hörbar, „du wirst mich mit deinem Geschwätz nie mehr davon abhalten, meinen Göttergatten Zeus zu ertappen!" Sie schüttelte ihre Faust, „Verflucht seist du!", schrie sie „Zur Strafe wirst Du nie mehr selber sprechen können. Die einzige Möglichkeit zu sprechen, die dir in Zukunft bleibt, sind die letzten Worte, die die anderen sagen zu wiederholen!" Echo erschrak. Dicke Tränen rannen über ihr Gesicht, sie schlug die Augen nieder, sie zitterte und sagte: „Wiederholen!"

Aus Scham zog sich Echo in die Wälder zurück. Hunger, Durst und Einsamkeit überfielen Echo wie wilde Tiere. Sie ernährte sich von Beeren, Wurzeln und Blättern, zum Schlafen setzte sie sich in dichte Baumkronen. Was nützten ihr Jugend und Schönheit, ohne Sprache würde sie niemanden kennen lernen. Das Herz tat ihr weh, es gab keine Hoffnung, keiner konnte ihr helfen.

Eines Tages hörte Echo aus der Ferne Jagdgeräusche, Hundebellen und Stockschlagen. Voller Angst floh sie auf einen hohen Baum und versteckte sich. Da trat

aus dem Dickicht ein Jäger. Echo erkannte Narziss, der Sohn der Wassernymphe Liriope.

Zum Ausruhen legte er sich unter den Baum, auf dem Echo saß. Schön war er, hoch gewachsen, von edler Gestalt. Blonde Locken umspielten sein junges Gesicht. Echo konnte sich überhaupt nicht satt sehen. Sie verliebte sich in Narziss. Als er aufbrach folgte sie ihm heimlich.

„Könnte ich doch zu ihm gehen", dachte sie, „ihn mit bittenden und schmeichelnden Worten für mich gewinnen." Doch Echo war stumm. Als einzige Hoffnung blieb ihr, dass er einmal von sich aus, das Richtige sagen oder rufen würde. Sie blieb in seiner Nähe.

*Angst, die Stimme verloren zu haben, Max, 8 Jahre*

*Und wirklich, Narziss blieb stehen, legte beide Hände vor den Mund und rief in den Wald: „Ist jemand hier?". „Hier!" antwortete Echo, ihr Herz hüpfte vor Freude. Narziss schaute ich verwundert um. „Komm!" rief er. „Komm!" antwortete Echo. „Warum meidest Du mich?" Narziss machte einen Schritt in die Richtung aus der Echo rief. „Meidest du mich?" wiederholte Echo. „Lass uns zusammenkommen!" Narziss Stimme klang ein wenig ungeduldig.*

*„Zusammenkommen!" jubelte Echo, sie breitete die Arme aus und rannte voller Freude zu Narziss, um ihn zu küssen und zu umarmen. Doch Narziss, schüttelte sie roh von sich. „Ich will lieber sterben, als dich zu umarmen!" sagte er und eilte mit großen Schritten davon. „Umarmen!" flehte Echo. Voller Entsetzen sah sie Narziss zwischen Bäumen und Büschen verschwinden.*

*Narziss hatte sie abgewiesen, ihre Liebe verschmäht. Echo schämte sich. Sie wollte von niemandem mehr gesehen werden. Langsam schlich sie in den Wald, bedeckte ihr Gesicht mit Blättern und versteckte sich von nun an in Schluchten und Grotten.*

*Doch der Kummer und die Scham um ihre verschmähte Liebe wurden mit der Zeit immer größer. Es lohnte sich nicht mehr für sie zu leben.*

*Echo aß nicht mehr, trank nicht mehr, sie magerte ab, wurde krank und starb. Als der Wind kam, zerstreute er die Überreste ihres Körpers in alle Richtungen und nur ihre Knochen und ihre Stimme blieben übrig. Echos Knochen wurden zu Steinen, manchmal finden wir sie noch. Ihre Stimme aber, das Echo, wird heute noch von allen gehört.*

Erzählen Sie den Kindern die Geschichte der Nymphe Echo mit Ihrem Bildmaterial. Stellen Sie Fragen zu unbekannten Begriffen und Sinneseindrücken; sprechen Sie auch über die unterschiedlichen Gefühle in der Geschichte.

Anschließend erarbeiten Sie gemeinsam mit den Kindern einzelne Abschnitte, die Sie nummerieren und protokollieren. Danach fragen Sie die Kinder, ob sich jemand traut einige Abschnitte oder sogar die ganze Geschichte zu erzählen. Bieten Sie dazu Ihr Bildmaterial an.

**Weitere Tipps**

Erarbeiten Sie mit den Kindern Dialoge und entwickeln Sie diese zu Szenen weiter. Lassen Sie die Kinder die Szenen spielen. Auch andere Sagen und Mythen lassen sich auf gleiche Weise mit dem Kamishibai erzählen. Unterhalten Sie sich über eigene Erfahrungen, Begegnungen mit Zeugnissen alter Kulturen.

## Vom literarischen Text über dialogisches bildgestütztes Erzählen zur Mündlichkeit

Wie führen Sie die Kinder mit Hilfe des Kamishibais von einem gedruckten Text, z. B. Märchen, Sage o. ä. zum freien mündlichen Erzählen? Bereiten Sie dafür je nach Größe des Kamishibais ein Bild (oder mehrere) vor, beispielsweise durch selbst malen, scannen, kopieren oder drucken. Für ein Märchen können Sie die fertigen Bildkartensets von DON BOSCO verwenden, für die mythologische Erzählung der *Nymphe Echo* z. B. klassische Gemälde, die die Nymphe Echo darstellen. Beginnen Sie mit Ihrer Erzählung und zeigen Sie den Kindern das Bild. Sammeln Sie Eindrücke, Vorwissen und Beobachtungen und verwenden und kommentieren Sie diese nach Möglichkeit in Ihrer Erzählung. Fragen Sie projektiv nach dem nächsten Bild, nach dem Fortgang der Handlung: *„Was würdet ihr machen?"* Überlegen Sie während der Vorbereitung Ihrer Erzählung, an welcher Stelle Sie Mitmachchancen für die Kinder anbieten können, z. B. aufstehen, bücken, strecken, Arme und Beine bewegen usw. Bauen Sie Rituale ein, wie z. B. wiederkehrende Redewendungen, Verse und Bewegungen. Ein Grundsatz in der Erzählpädagogik lautet: *„immer gerecht sein!"*. Das bedeutet, wenn Sie eine Szenen spielen lassen wollen, entscheidet das Schicksal, wer was spielen darf, z. B. entscheiden Lose oder die Farbe der Kleidung *(„Du darfst das Wasser spielen, weil dein Shirt so blau wie das Wasser ist."*), der Haare usw.

Zeigen sie immer wieder auf das Bild, erzählen Sie dazu, lassen Sie Passagen, auch im Spiel wiederholen und führen Sie so die Kinder zur Sprache. Achten Sie darauf, dass sich die Kinder freiwillig beteiligen und helfen Sie da aus, wo es nötig ist, so vermeiden Sie Misserfolge der Kinder.

Indem Sie passende Bilder vorbereiten, holen Sie die Kinder da ab, wo sie stehen. Kinder sind durch die Medien bilderfahren, aber nicht zuhörerfahren. Durch Fragen zu den Bildern regen Sie die Kommunikation mit den Kindern an. Halten Sie Requisiten bereit, wie z. B. einen Helm, einen Flitzebogen, eine Krone usw. und ermöglichen Sie dadurch den Kindern die Vorgänge im Bild zu begreifen und als Bilderfahrung abzuspeichern. Setzen Sie Mimik und Gestik ein und lassen Sie diese nachahmen. Geübten Kindern können Sie statt naturgetreuer Bilder, auch abstrakte Darstellungen oder Symbole passend zur Erzählung zeigen. Damit bereiten Sie ihnen den Weg von der Bildbeschreibung zur freien Mündlichkeit.

(Aus dem Unterrichtsmaterial der Goldmund-Erzählakademie München.)

# Forschen, entdecken und gestalten mit dem Kamishibai

Wie komme ich den Phänomenen in der Natur auf die Spur? Können Töne und Farben miteinander spielen? Wie wird aus einem Gedicht ein kleines Theaterstück? Und was sind Zeichengeschichten? Auch auf diese Fragen lassen sich mit dem Kamishibai Antworten finden und spannende Ideen für Vor- und Grundschulkinder entwickeln! Denn Themen und Texte, die sich durch Bewegung, durch Zeichnen und Malen, durch Musik und Spiel erschließen lassen, finden umso leichter einen bleibenden Platz im kindlichen Wissens- und Erfahrungsschatz, je vielfältiger die Verknüpfungen mit verschiedenen sinnlichen und gestalterischen Elementen gelingt.

## Die Geheimnisse des Lebens entdecken

Kinder eignen sich Weltwissen durch Welterfahrung an. Erzählen und sinnliches Erforschen hängen eng miteinander zusammen. Wo wenige Gelegenheiten sind, die Dinge der Welt mit Augen, Ohren und Händen zu erkunden, mit Gefühlen der Angst, der Freude oder des Staunens zu verbinden, mit eigenen Fragen und Fantasien zu verknüpfen, da wird die Welt auch ärmer an Erzählanlässen. Geschichten haben ein Gespür für das Unverhoffte, Überraschende und Erstaunliche in der Welt, das irgendwo seinen Ursprung findet, eine Entwicklung oder Verwandlung erfährt und auf eine Vollendung zuläuft – auch wenn wir diese vielleicht (noch) nicht erkennen. Gleichzeitig teilen wir uns durch Geschichten gegenseitig etwas von der Welt mit, erweitern im Dialog unsere Erkenntnisse und lernen etwas kennen von anderen Sicht- und Deutungsweisen für das, was um uns herum geschieht. Wer sich darauf einlässt, nimmt teil an einem inspirierenden Wechselspiel: Entdeckungen bieten Stoff für Geschichten und Geschichten regen die Neugier und Entdeckerfreude an, ermöglichen gedankliches und sinnliches Experimentieren und Erproben. Vertrautheit wächst durch erkennbare Rhythmen und Strukturen. Über die Nachahmung und emotionale Verbundenheit mit dem Gehörten werden Dinge nachvollziehbar.

Wie das Kamishibai bei Forscherfragen und Weltwissen eingesetzt werden kann, zeigt das Beispiel *einer tollen Spinnerin*.

## Eine tolle Spinnerin

Spinnen lassen sich drinnen wie draußen gut beobachten und in ihrer Lebensweise leicht von Kindern studieren. Sie regen das entdeckende Lernen an, sind aber zugleich mit intensiven Gefühlen verbunden: mit der Angst vor Spinnen ebenso wie mit der Faszination angesichts eines kunstvoll gesponnenen Spinnennetzes.

Das Thema *Spinnennetz* bietet also vielfältige Möglichkeiten, Alltagsbeobachtungen und Gefühle zur Sprache zu bringen sowie kleine persönliche Erlebnisgeschichten zu erzählen.

Das Kamishibai ist für die Gestaltung und Vermittlung dieses Themas deshalb so hilfreich, weil sich die Spinnennetz-Entstehung sehr gut als Bilderfolge darstellen lässt, die einerseits gewisse Gesetzmäßigkeiten der Natur veranschaulicht, dabei aber zugleich Raum lässt für individuelle Möglichkeiten der Bildgestaltung. Denn kein Spinnennetz gleicht dem anderen exakt *nach Strich und Faden*.

### Ziel
- forschendes Lernen durch Beobachtungen oder Sachbücher entwickeln
- Zusammenhänge zwischen Gesetzmäßigkeiten in der Natur und dem Leben sowie Denken der Menschen entdecken
- Wissen und Erfahrungen mit Spinnen sprachlichen und bildnerischen zum Ausdruck bringen
- Entwicklung, Veränderung und Verletzlichkeit in allem Lebendigen erkennen und nachempfinden

## Vorbereitung

- die Weitermalvorlage des Spinnennetzes (zum kostenlosen Download bei DON BOSCO) je nach Größe des Kamishibais und Anzahl der Kinder kopieren
- Wachsmalstifte oder Buntstifte bereitlegen (es empfiehlt sich, eines von beiden zu verwenden, damit aller Bilder eine ähnliche Strichstruktur haben)

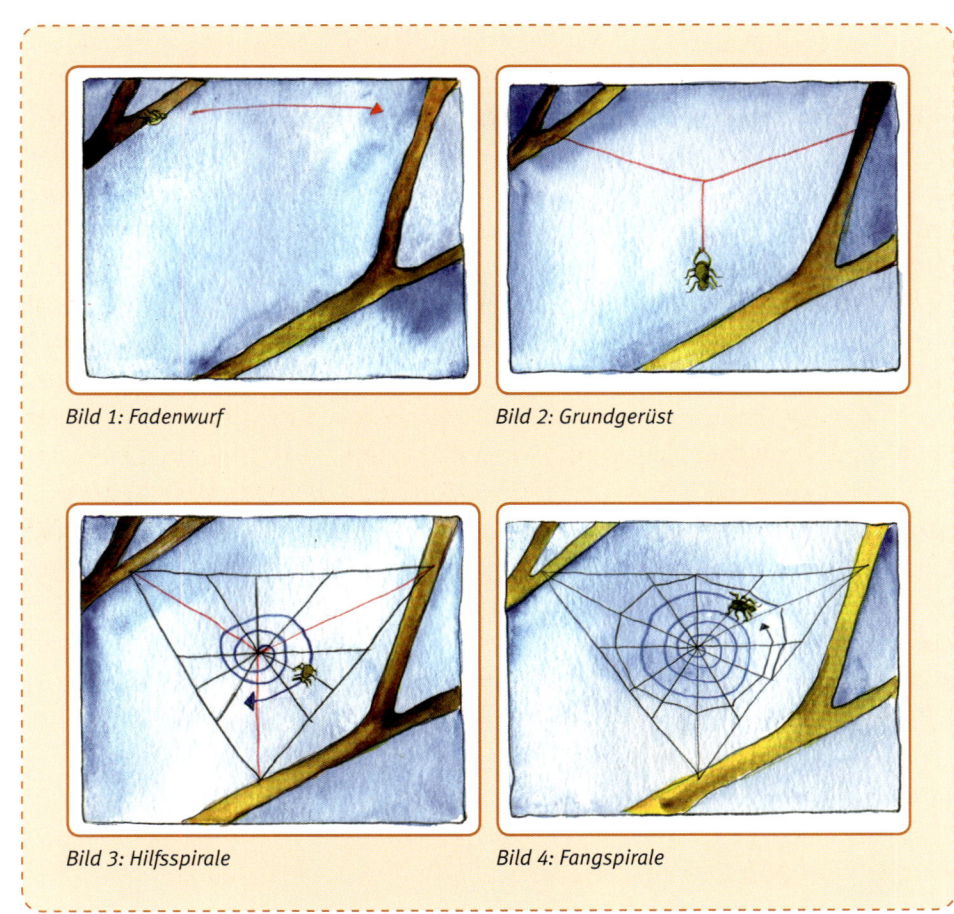

*Bild 1: Fadenwurf*

*Bild 2: Grundgerüst*

*Bild 3: Hilfsspirale*

*Bild 4: Fangspirale*

Nach einer Einführung in das Thema *Spinnennetz*, z. B. durch Gespräche, Naturbeobachtungen und Bildbetrachtungen in Sachbüchern, sollen die Kinder ein radförmiges Spinnennetz in 5 bis 6 Bildern gestalten. Verabreden Sie gemeinsam mit den Kindern, wer welche Szene übernimmt. Wenn Sie mehr Kinder als Szenen haben, dann malen mehrere Kinder jeweils ihre Version von einer Szene. Sind alle Bilder fertig, werden die Bilder zu den verschiedenen Szenen auf den Tischen oder auf dem Boden verteilt, gemeinsam betrachtet und zu mehreren Bilderfolgen zusammengeordnet. Dabei wird darauf geachtet, wo die Übergänge in der *Netzentwicklung* von einem Bild zum anderen besonders gut zueinander passen. Am Ende gibt es also mehrere Bildersätze (bei 20 Kindern etwa 4 Bildersätze zu je 5 Blättern), zu denen in unterschiedlicher Weise erzählt werden kann.

Sind die unterschiedlichen Bilderfolgen nummeriert in das Kamishibai eingeordnet worden, kann das Erzählen zu den Bildern beginnen. Ältere Kinder, die sich zuvor bereits ein Grundwissen zu Spinnen angeeignet haben, können zu den einzelnen Szenen erklären, was die Spinne alles unternehmen muss, damit das Netz am Ende wirklich hält. Was für Gefahren bedrohen die Arbeit zwischendurch? An welchen Stellen scheint das Entstehen des Netzes besonders schwierig oder spannend zu sein? Es bleibt den Kindern freigestellt, ihr Erzählen auch fantasievoll auszuschmücken und mit Spannungselementen anzureichern. Die Spinne kann einen Fantasienamen bekommen, besonders nett oder eher gefährlich sein. Abenteuer aus ihrem Spinnenleben können ebenso mit einfließen wie alles, was um den Baum herum los ist.
Um das Betrachten der Bildfolge zu begleiten, eignet sich folgendes Gedicht dazu. Sie sollten darauf achten, den Bildwechsel nicht zu hastig zu gestalten, damit die Kinder ausreichend Zeit zum Schauen, Fragen und Kommentieren haben.

## Eine tolle Spinnerin

*Susanne Brandt*

(zu Bild 1)
*Eine tolle Spinnerin!*
*Klein und schlau, so hockt sie da,*
*krabbelt flink auf Baum und Balken.*
*Sie ist einfach wunderbar:*
*Wirft das Lasso wie ein Cowboy,*
*balanciert im Tippelschritt,*
(zu Bild 2)
*lässt sich in die Tiefe fallen,*
*zieht den langen Faden mit,*
(zu Bild 3)
*spinnt geduldig vor sich hin.*
*Eine tolle Spinnerin!*
(Die letzten beiden Gedichtzeilen können zu Bild 4–6 wiederholt werden.)

### Weitere Tipps

Themen, die sich in ähnlicher Weise dazu eigenen, Phänomene der Natur mit dem Kamishibai zu vermitteln, sind z. B.: die Welt der Farben, der Kreislauf des Wassers, vom Samenkorn zum Baum, vom Wechsel der Jahreszeiten. Es gibt viele Lieder und Geschichten, die davon etwas erzählen und sich mit eigenen Bildern und Ideen ausgestalten lassen.

# Töne malen – Farben tanzen. Musik entdecken mit dem Kamishibai

Ein besonderer Vorteil des Erzählens mit Kamishibai besteht darin, dass die stehenden Bilder ein intensives Betrachten und begleitende Handlungen ermöglichen. So auch in der Verbindung von Bild und Klang.

Am Beispiel des japanischen Märchens vom Glöckchen ergeben sich aus der Geschichte heraus schöne Möglichkeiten, um Musik und Bewegung in Formen und Farben frei zum Ausdruck zu bringen. Zwischen der sichtbar gemachten Tanzmusik tragen wiederkehrende Bilderbögen, die den Wandel der Landschaft im Licht der wechselnden Tageszeiten zeigen, zur Rhythmisierung des Geschehens bei. Wir haben es hier also mit einem bewussten Wechselspiel zwischen zwei unterschiedlichen Gestaltungsformen zu tun, die sich am Bauprinzip des Märchens orientieren und durch dieses angeregt werden.

Das Märchen wird zunächst erzählt oder vorgelesen, der Prozess der Bildgestaltung dadurch angeregt und die dabei entstandenen Bilder anschließend im Kamishibai zur Geltung gebracht, d.h. die Geschichte nun also ein zweites Mal als Kamishibai-Vorführung präsentiert.

## Das Glöckchen

### Ziel
- Wechselwirkungen von Klängen, Bildern und Sprache erfahren
- mit dem Kamishibai gemeinsam gestalten und dabei die eigenen ästhetischen Ausdrucksmöglichkeiten für sich und in der Gruppe erproben

### Vorbereitung
- eine tänzerische Musik auswählen z.B. ein Menuett, Walzer etc., die zum Bezug der Geschichte möglichst *„glockenhelle"* Klangfarben beinhaltet, z.B.

Harfenmusik, Cembalo, Geigen; auch zart klingende folkloristische Stücke sind geeignet
- Orffsche Instrumente bereitstellen
- die Weitermalvorlage japanische Landschaft (zum kostenlosen Download bei DON BOSCO) je nach Größe des Kamishibais und Anzahl der Kinder kopieren
- weiche Stifte oder Pinsel, Farbe, Papier

Die Musik des Glöckchens bringt alle zum Tanzen – nicht nur die Menschen, sondern auch die Farben und Formen auf dem Papier! Als Malimpuls wird eine tänzerische, nicht zu laute Musik ausgewählt. Musikalisch geübte und ältere Kinder können zum Malen eigene Musikimprovisationen mit Glockenspielen, Triangeln und anderen Orffschen Instrumenten entwickeln. Dann sorgt eine Kindergruppe für die *Tanzmusik*, während die Kinder einer zweiten Gruppe dazu mit weichem Stift oder Pinsel frei gewählte Formen und Farben, die nach dem eigenen Empfinden die Bewegung und Stimmung der Musik wiedergeben, zu Papier bringen. Wird gemeinsam auf großen Papierbahnen gemalt, die viel Bewegungsfreiheit schenken, lassen sich anschließend besonders interessant gestaltete Bildbereiche ausschneiden und auf ein passendes Kamishibai-Format kleben. Insgesamt vier *Tanzbilder* illustrieren an den jeweiligen Stellen die *Tanzszenen* des Märchens.

Der Mönch des Märchens schaut beim Warten immer wieder den Weg entlang und auf das Meer hinaus. Dabei vergehen die Stunden vom Morgen bis zum Abend. Mit der Weitermalvorlage ist den Kindern für dieses wiederkehrende Landschaftselement in der Geschichte ein Rahmen gegeben, der sich jedoch in seinem Ausdruck und Farbenspiel im Laufe der Geschichte je nach Tageszeit – Morgen, Mittag, Nachmittag, Abend, Nacht – verändert. Dies gilt es nach vorheriger Absprache in den fünf Landschaftsbildern etwa durch den Stand der Sonne und die Farbe des Himmels zum Ausdruck zu bringen.

## Das Glöckchen

*erzählt von Susanne Brandt nach einem japanischen Märchen*

*Wenn der alte Mönch morgens seine Tür öffnete, um auf die Veranda zu treten, sah er das Meer.* (An dieser Stelle öffnen Sie das Kamishibai und die Landschaft am Morgen kommt zum Vorschein.)
*Er liebte es, auf der Veranda zu sitzen und aufs Meer hinaus zu schauen. Um sich aber nicht so allein zu fühlen, hatte er am Dach über der Veranda ein silbernes Glöckchen angebracht. Sobald der Wind nur ein kleines bisschen wehte, bewegte sich das Glöckchen und läutete lieblich. Seine Töne verbanden sich zu einer feinen hellen Musik. Der alte Mönch saß auf der Veranda, schaute auf das Meer, lauschte dem Läuten des silbernen Glöckchens und lächelte zufrieden.*
*In dem gleichen Städtchen lebte auch der Apotheker Mohej. Schon lange Zeit hatte er nichts als Pech. Alles misslang ihm, und er war so traurig, dass er sich*

*nicht mehr zu helfen wusste. In seiner Not machte er sich eines Tages auf den Weg zu dem Mönch, um ihn um Rat zu fragen. Als er aber den Alten so zufrieden auf seiner Veranda sitzen sah und die leise Musik des silbernen Glöckchens hörte, wusste er mit einem Schlag, dass das Glöckchen auch ihn froher machen würde. Er überlegte nicht lange und bat den Mönch, ihm das Glöckchen wenigstens für ein paar Stunden zu überlassen.*

*„Warum sollte ich es dir nicht leihen", sagte der Mönch freundlich. „Aber vergiss nicht, es mir zur Mittagszeit wieder zu bringen, denn ohne das Glöckchen wäre ich sehr traurig."*

*Mohej dankte und versprach, pünktlich wieder zu kommen. Dann ging er nach Hause und hängte das Glöckchen über der Veranda auf. Es begann zu läuten, und Mohej wurde es so leicht ums Herz, und die Welt erschien ihm auf einmal so schön, dass er zu tanzen begann. (Die Tanzmusik erklingt und das erste Tanz-*

bild erscheint im Kamishibai. Lassen Sie den Kindern Zeit, das Bild in Ruhe zu betrachten.)

*Gegen Mittag wurde der Mönch ungeduldig.* (Die Landschaft am Mittag erscheint im Kamishibai.) *Immer wieder schaute er in der weiten Landschaft nach dem Apotheker aus. Aber Mohej kam und kam nicht. So verging eine Stunde, eine zweite, und als der Apotheker nach dem Mittag noch immer nicht zu sehen war, rief der Mönch seinen kleinen Schüler Taro und befahl ihm: „Lauf in die Stadt zu dem Apotheker Mohej. Er hat sich in der Frühe mein silbernes Glöckchen geliehen und sollte es zur Mittagszeit zurück bringen. Erinnere ihn daran und sage ihm, dass ich sehnsüchtig darauf warte.“*

*Taro lief zu dem Apotheker, aber kaum war er in dessen Garten getreten, blieb er stehen. Er hörte das fröhliche Läuten des Glöckchens und sah den Apotheker, der mit fliegenden Ärmeln und Schößen im Garten herumtanzte. Taro wusste nicht*

*gleich, wie er ihn ansprechen sollte. Da wurde ihm auf einmal so fröhlich ums Herz, dass auch er zu tanzen begann.* (Die Tanzmusik erklingt und das zweite Tanzbild erscheint im Kamishibai. Die Kinder haben Zeit, das Bild ausgiebig zu betrachten.)

*Eine Stunde verging, eine zweite – immer wieder ließ der Mönch seinen Blick über die Landschaft wandern.* (Die Landschaft am Nachmittag erscheint im Kamishibai.) *Der Apotheker blieb aus, und Taro kam auch nicht zurück.*

*Der alte Mönch schüttelte den Kopf, und weil er immer trauriger wurde, rief er seinen zweiten Schüler, Dschiro, und befahl ihm: „Lauf zu dem Apotheker Mohej und sage ihm, er möge mir mein silbernes Glöckchen zurück geben. Und solltest du unterwegs Taro begegnen, so richte ihm aus, er solle sich schämen, seinem Lehrer so schlecht zu gehorchen.“*

*Dschiro lief, so schnell er nur konnte. Als er zum Haus des Apothekers kam, hörte er fröhliches Geläut und sah zu seiner Verwunderung den Apotheker und Taro im Garten tanzen. Und sogleich drehte auch er sich im Kreise und vergaß die Welt.* (Die Tanzmusik erklingt und das dritte Tanzbild kommt im Kamishibai zum Vorschein. Die Kinder betrachten in Ruhe das Bild.)

*Wieder war eine Stunde vergangen und bald auch die zweite. Die Sonne neigte sich schon dem Horizont zu.* (Die Landschaft am Abend kommt im Kamishibai zum Vorschein.) *Aber weder der Apotheker noch einer der beiden Schüler ließ sich blicken. Der alte Mönch konnte sich das nicht erklären. Er wurde so traurig wie nie zuvor. Schließlich hielt er es nicht mehr aus. Er zog seine Sandalen an und machte sich selbst auf den Weg zum Hause des Apothekers. Noch ehe er in den Garten trat, hörte er das zarte Läuten seines geliebten Glöckchens und fröhliches Lachen. Und bald darauf sah er, wie sich der Apotheker und seine beiden*

*Schüler an den Händen hielten. Sie tanzten nach links und dann wieder nach rechts, und ein seliges Lächeln lag auf ihren Gesichtern.*

*Der Mönch schüttelte den Kopf und wusste nicht recht, wie er sich das erklären sollte. Aber er wunderte sich nicht lange. Auf einmal war alle Traurigkeit verflogen, die Füße begannen von allein zu hüpfen, der Mönch lächelte dem Apotheker zu, reichte die eine Hand Taro und die andere Dschiro, und dann tanzten sie alle vier.*

(Die Tanzmusik erklingt und das erste Tanzbild erscheint im Kamishibai. Lassen Sie den Kindern Zeit, das Bild in Ruhe zu betrachten.)

*Wie das weiter ging?* (Die Nachtlandschaft erscheint im Kamishibai.) *Ja, wenn wir das wissen wollen, müssten wir jemanden in den Garten des Apothekers schicken. Nur weiß ich nicht, ob er auch zurückkäme. Denn wenn er den lieblichen Klang des Glöckchens hört und die vier tanzen sieht, wird er alles vergessen und mittanzen. Und so müssten wir einen zweiten schicken und dann einen dritten, vierten ... Schließlich bliebe uns nichts anderes übrig, als selbst hinzugehen, und auch wir würden zu tanzen beginnen. Na, und das geht natürlich nicht, dass alle Menschen nur tanzen und tanzen. Also schicken wir niemanden hin und gehen lieber schlafen!*

(Schließen Sie das Kamishibai.)

### Weitere Tipps

Auch stehende Bilder (z. B. abstrakte Gemälde von einem Kunstkalender) lassen sich mit Instrumenten verklanglichen, d.h. Farben, Formen und Stimmungen in improvisierte Töne und Rhythmen umsetzen.

Daneben bieten viele Lieder wie z.B. das Volkslied *Grün, grün, grün sind alle meine Kleider* oder aktuelle Beispiele mit ihren Strophen eine klare Struktur für Bilderfolgen, die sich zu dem Lied dann malen und mit dem Kamishibai zeigen lassen.

# Lauschen und Staunen in der Kinderkirche

Biblische Geschichten, wie sie in der Kinderkirche ihren festen Platz haben, sind *Geschichten vom Leben*. In ihnen klingen viele Facetten von menschlichen Gefühlen und Erfahrungen an: Freude und Geborgenheit, Vertrauen und Zuversicht, aber ebenso Angst, Trauer und Einsamkeit. Wenn Kinder diese Geschichten als elementare *Lebensgeschichten* kennen lernen und das Vorlesen oder Erzählen als verlässliche Beziehungserfahrung erleben, dann ist das wie ein Schatz, vielleicht wie ein Geheimnis, das sich für die Kinder im Laufe des Lebens nach und nach immer weiter erschließt.

Zugleich können biblische Geschichten mit ihren Bildern eine hilfreiche Brücken zwischen Kindern und Erwachsenen bauen und beide dazu ermutigen, intensiver miteinander ins Gespräch zu kommen oder einfach nur gemeinsam über die Bilder des Leben zu staunen. Das Kamishibai unterstützt diesen Dialog.

Wenn die Kinder anschließend Geschichten aus ihrem eigenen Leben erzählen und diese ebenso in gemalten Bildern zu Papier bringen wollen, zeigt das Kamishibai wiederum neue Einsatzmöglichkeiten: Jetzt bietet es den von Kindern selbst gestalteten Bildern einen Rahmen, unterstreicht ihren Wert und ihre Bedeutung und ermutigt die Kinder, zum Gemalten eigene Worte zu finden. Denn auch das ist eine wichtige Erfahrung, die aus biblischen Geschichten erwächst: Mein eigenes Leben und das Leben anderer Menschen – in allem wird etwas von Gottes Geschichten mit uns sichtbar und spürbar. So wie die Menschen der Bibel ihre Geschichten mit Gott in Worten und Bildern über Jahrtausende immer wieder weitererzählt haben – bis sie in unserem Leben angekommen sind.

Neben dem Vorlesen und Erzählen von biblischen Geschichten lässt sich das Kamishibai auch zur Vertiefung einzelner Aspekte einer Geschichte einsetzen und hier wiederum mit der Technik des Weitermalens von Bildern verbinden – z.B. wenn es darum geht, sich mit allen Sinnen in die Situation des blinden Bartimäus hineinzuversetzen. Dabei lernen die Kinder zunächst ohne Bilder die Geschichte kennen.

## Jesus und Bartimäus

### Ziel

- sinnlicher Zugang zu einer biblischen Geschichte über Hören, Malen und Schauen

### Vorbereitung

- die Weitermalvorlage vom *blinden Bartimäus* (zum kostenlosen Download bei DON BOSCO) je nach Größe des Kamishibais und Anzahl der Kinder kopieren
- weiche Stifte oder Pinsel, Farbe, Papier

*Bartimäus lebt in der Stadt Jericho. Die Leute in der Stadt nennen ihn nur den Blinden. Seit seiner Geburt kann er nicht sehen. Er hat nie lesen und schreiben gelernt. Darum hat er auch keine Arbeit.*

*Jeden Morgen tastet er sich von seinem Nachtlager an das Stadttor. Dort verbringt er als Bettler den ganzen Tag. Am Stadttor kommen viele Menschen vorbei. Sie besprechen dort wichtige Ereignisse miteinander. Bartimäus kennt ihrer Stimmen gut. Er weiß Bescheid über das, was sie sich zu erzählen haben. Aber ihre Gesichter hat er noch nie gesehen.*

*Bartimäus breitet immer seinen Mantel aus, wenn er am Wegrand sitzt. Ab und zu hört er, wie eine Münze auf den Mantel fällt. Höflich bedankt er sich dafür. Doch von den Leuten spricht kaum jemand mit ihm. Mit Bettlern, so denken viele, da redet man nicht.*

*Bartimäus sieht nicht, wer vorbeikommt. Er kann aber hören, wenn jemand einen Bogen um ihn macht. Er kann auch genau mit seinen Ohren unterscheiden, ob es reiche oder arme Menschen sind, Händler oder Soldaten. Er hört, ob sie ein Tier dabei haben oder mehrere. Er hört, ob es ein Maultier ist oder ein Pferd. Er schmeckt den Staub auf seinen Lippen, den die Menschen und Tiere aufwirbeln. Er riecht ihren Schweiß. Er spürt, ob es Fremde sind oder Leute aus der Stadt.*

*Es ist noch früh heute. Viele Menschen gehen in die Stadt hinein. Plötzlich hört er viele Stimmen. Sie kommen aus dem Stadttor. Ein Menschenauflauf. Immer lauter wird es um ihn herum. Er hört einzelne Stimmen. Er hört einen Namen: Jesus.*

*Von ihm haben die Leute am Stadttor schon oft erzählt. Einige sagen, er sei der Retter, den das ganze Volk erwartet. In den alten Büchern steht: Wenn der Retter kommt, werden Blinde sehen. Das weiß Bartimäus von seinem Vater.*

*Jetzt sind die Menschen ganz dicht vor ihm. Er spürt das Gedränge. Er reckt den Kopf in die Höhe und ruft: „Jesus, hilf mir!" „Ruhe!" schimpfen die Leute. „Sei still! Wir wollen hören, was Jesus zu sagen hat."*

*Bartimäus steht auf. Er legt meine Hände an den Mund und ruft noch einmal: „Jesus, hilf mir." Und wieder schimpfen die Leute. Er spürt ihren Ärger: „Bleib, wo du bist und sei still!" „Gib endlich Ruhe!"*

*Die Menschen drängen ihn weg vom Weg. Wie eine Mauer bauen sie sich vor ihm auf. Noch einmal legt Bartimäus die Hände an seinen Mund. Diesmal schreit er so laut er kann: „Jesus, bitte hilf mir!"*

*Da wird es um ihn herum plötzlich ganz still. Er spürt, wie die Menschen ihn nicht mehr wegdrängen. Eine fremde Hand nimmt seinen Arm.*

*„Bist du Jesus?" fragt Bartimäus. „Nein, aber Jesus hat gesagt, wir sollen dich zu ihm bringen", antwortet eine Frauenstimme. Die Frau führt ihn auf den Weg, mitten unter die Leute. Dann bleiben sie stehen.*

*„Was willst du von mir?" spricht ihn jemand an. Er merkt, wie nahe Jesus ihm jetzt ist. „Ich möchte sehen können," antwortet Bartimäus. Einen Augenblick geschieht nichts. Dann sagt Jesus: „Du hast Gott und mir vertraut. Du wirst sehen."*

*Plötzlich ist es hell vor seinen Augen. Erschrocken hält sich Bartimäus die Hände vors Gesicht. Erst nach einer Weile traut er sich, ins Licht zu schauen. Er erkennt Formen und Farben um sich herum. Zum ersten Mal in seinem Leben kann er sehen.*

*Jesus möchte weitergehen. Auch Bartimäus will nicht mehr an den Wegrand zurück. Er kann Jesus jetzt auf seinem Weg folgen. Noch sieht er den Weg und die Menschen verschwommen. Er wischt sich die Freudentränen aus den Augen. Mitgehen will er mit Jesus. Bartimäus schaut sich noch einmal um. Da hinten am Weg, da liegt noch sein Mantel. Den lässt er zurück.*

Nicht immer muss die gesamte Geschichte als Bilderfolge präsentiert werden. Auch einzelne Szenen können herausgestellt werden. Bei der Beispielgeschichte lässt sich die Situation des Hörens, was alles um den blinden Bartimäus herum geschieht, herausgreifen. Ein Weitermalbild lässt Platz, genau diese Szene von den Kindern nach eigenen Vorstellungen gestalten zu lassen. Kleine Spiele, bei denen mit verbundenen Augen verschiedene Geräusche wahrgenommen werden, vertiefen das Empfinden für die darzustellende Situation.

Die fertigen Bildvariationen zu dieser Szene werden anschließend nacheinander mit dem Kamishibai präsentiert und von den Kindern erläutert. Der Fantasie der Kinder beim Ausschmücken der kleinen Szene sind keine Grenzen gesetzt.

### Weitere Tipps

Das Lied *Wenn ich schleiche, klingt das so* (zum kostenlosen Download bei DON BOSCO) lässt sich ebenfalls bei der Vorbereitung zur Gestaltung der Szene einsetzen. Außerdem kann es zwischen der Präsentation der einzelnen *Hörszenen* gemeinsam gesungen und textlich frei variiert werden.

Auch improvisierte Verklanglichungen zu den im Bild dargestellten Höreindrücken sind denkbar.

## Die Wunder der Schöpfung

Für das Erzählen der Schöpfungsgeschichte lässt sich der fertige Bildersatz von DON BOSCO verwenden, der mit seinen farbigen Schilderungen zu den Werken der einzelnen Schöpfungstage den Kindern viele Impulse zum Entdecken, Staunen und Erzählen liefert. Auch wenn der biblische Text dazu nicht lang ist, sollten Sie sich mit dem Wechsel der Bilder viel Zeit lassen, um den Kindern Gelegenheit zu geben, sich die Bilder genau anzuschauen und dazu miteinander ins Gespräch zu kommen.

Anschließend ist dann wiederum die Sprach- und Bildfantasie der Kinder gefragt. Denn die Schöpfung, wie wir sie täglich um uns herum erleben, ist ja mit dem symbolischen Bericht der Bibel noch nicht in all ihren vielfältigen Details beschrieben.

Das folgende Lied nimmt hier die Sicht der Kinder heute ein, die vor dem Hintergrund der Schöpfungsgeschichte nun ihre eigene Umgebung mit staunenden Augen betrachten und benennen. Dabei bieten die Strophen die Möglichkeit, am Ende jeweils eigene Varianten einzufügen, die sprachlich nicht an einen Reim gebunden sind. Hier können also sehr frei Dinge benannt und der Melodie unterlegt werden, die den Kindern wichtig sind. Entsprechend werden dazu dann eigene Schöpfungsbilder für das Kamishibai gestaltet, die zum Lied die variierten Strophen illustrieren.

## Gott, das hast du toll gemacht

Melodie: Susanne Brandt, Text: Klaus-Uwe Nommensen
© Verlagswerkstatt kreuz&quer

2. Gott, das hast du toll gemacht: Lichterschein und Farbenpracht,
   rot und gelb und grün und blau – ohne dich wär alles grau,
   rot und gelb und grün und blau – ohne dich wär alles grau.
   Gelbe Früchte, grüne Blätter, lila Blüten, und wer will, malt mit.
   Rote Wangen, blaue Augen, braune Haare und wer will, malt mit.
3. Gott, das hast du toll gemacht: Stimmen, Töne, laut und sacht,
   Summen, Singen und Gebrüll – ohne dich wär alles still,
   Summen, Singen und Gebrüll – ohne dich wär alles still.
   Mäuse quieken, Katzen schnurren, Vögel zwitschern und wer will, singt mit.
   Bäche plätschern, Tropfen trommeln, Wellen rauschen und wer will, singt mit.
4. Gott, das hast du toll gemacht: Sonne, Mond, Baum, Blütenpracht,
   Flüsse, Hügel, Berge, Meer – ohne dich wär alles leer,
   Flüsse, Hügel, Berge, Meer – ohne dich wär alles leer.
   Schnecken kriechen, Käfer krabbeln, Schwalben segeln – wir gehör'n dazu.
   Gräser schaukeln, Mücken tanzen, Kinder hüpfen – wir gehör'n dazu.

# Balladen und Bücherwelten. Literatur entdecken mit dem Kamishibai

Durch vielfältige Leseförderaktionen der Büchereien, Literacy im Kindergarten oder erste Literaturerfahrungen in der Grundschule ergeben sich reizvolle Möglichkeiten, mit dem Kamishibai das Thema *Bücher* oder einzelne literarische Formen wie z. B. Gedichte zu vermitteln und mit kreativen und spielerischen Gestaltungsmöglichkeiten zu verbinden.

Die erste *Bücherwelt-Begegnung* lässt sich mit dem Kamishibai durch folgende kleine Spielgeschichte zum Weitererzählen einleiten.

## Der Bücherwurm

**Ziel**
- Neugier und Interesse wecken für das Erzählen und genaue Hinschauen

**Vorbereitung**
- Bücherwurm z. B. aus einem alten Strickstrumpf herstellen
- je nach Größe des Kamishibais einen Bogen schwarzen Tonpapiers, in den Fenster zum Auf- und Zuklappen geschnitten sind (die *Knabberlöcher* des Bücherwurms), Bilder aus alten Kunstkalendern oder Bilderbüchern

Ein *Bücherwurm* begrüßt die Kinder, kriecht von einem Bücherregal auf das Kamishibai zu, stößt die Türen auf und schaut neugierig in das *Erzählschränkchen* hinein. Die Dunkelheit im Schrank kommt durch den schwarzen Bogen Tonkarton zum Ausdruck. Dieser Bogen bildet nun eine Art Vorblatt im Kamishibai und verdeckt die Bilder, die dahinter stecken. Da sich der Wurm nun aber in der Dunkelheit durch die Buchdeckel frisst, werden die vorbereiteten *Knabberlöcher* nach und nach geöffnet und hinter dem Tonkartonbogen kommen zunächst einzelne Ausschnitte von dem dahinter gesteckten Bild zum Vorschein. Die Kinder raten, was das Bild wohl *erzählen* könnte ... bis Sie am Ende langsam den Tonkartonbogen wegziehen und das Bild in seiner vollen Größe sichtbar wird. Was für Szenen treten hier aus der Dunkelheit hervor? Erste Assoziationen zu einzelnen Bildelementen erleichtern den Einstieg. In der Gruppe wird schnell eine Idee zur anderen kommen. Wenn die anfangs frei assoziierten Bausteine mehr und mehr nach einem Bauplan gegliedert werden, kann eine ganze Geschichte daraus entstehen – aber auch ein dialogischer Austausch von kleinen, nicht unbedingt zusammenhängenden Episoden, die sich um ein Bildelement herum erfinden lassen, ist denkbar. Um die Ideen der Kinder aufzugreifen und je nach Situation und Zielsetzung die Suche eines gemeinsamen roten Fadens zu unterstützen oder ein Wechselspiel im Dialog zu gewährleisten, ist es hilfreich, wenn Sie die begleitende Moderation übernehmen.

**Weitere Tipps**

Um die freie Erzählfantasie der Kinder anzuregen, sollten die Bilder hinter dem Tonkarton gute Impulse liefern. Manche Kalenderbilder von Marc Chagall können beispielsweise gut zum Erzählen anregen. Auch alte niederländische Meister haben *Wimmelbilder* gemalt, die viel Erzählstoff in sich tragen. Geheimnisvolles führen auch die Bilder des Künstlers Quint Buchholz vor Augen. Blättern Sie alte Kalender und Bilderbücher durch und lassen Sie sich inspirieren! Wenn Sie sich nach und nach einen kleinen Vorrat an interessanten Einzelbildern anlegen, die in besonderer Weise die Erzähllust anregen, können Sie die Bücherwurm-Geschichte immer wieder mit neuen Bildern wiederholen und variieren:

## Der Bücherwurm, der sucht ein Haus

*Susanne Brandt*

*Der Bücherwurm, der sucht ein Haus.*
*Drum zieht er in die Welt hinaus.*
*Die Bücherei ist seine Welt,*
*weil es ihm hier so gut gefällt.*

*Er kriecht auf den Regalen lang*
*und sucht sogar im Bücherschrank.*
*Dort ist es dunkel wie bei Nacht.*
*Doch schau nur, was der Wurm jetzt macht:*

(Der Wurm ist beim Kamishibai angekommen, hat die Schranktüren geöffnet und knabbert nun die Gucklöcher in den dunklen Tonkarton hinein.)

*Er knabbert schnell ein Loch ins Buch,*
*ganz winzig klein, doch groß genug,*
*dass er durchs Loch was sehen kann:*
*Und schon fängt die Geschichte an...*

(Nach und nach wird immer mehr von dem Bild sichtbar, bis die Dunkelheit schwindet und die Kinder nun in freier Assoziation Geschichten aus dem Bild dahinter *herauslesen* können.)

**Tipp**

Das Bücherwurm-Gedicht lässt sich in Anlehnung an die bekannte Kinderlied-Melodie von *Ein Vogel wollte Hochzeit machen* auch singen! Dabei stimmen die Kinder jeweils nach zwei Zeilen – also in der Mitte und am Ende jeder Strophe – gern in den gemeinsamen *Fiderallala-Kehrvers* mit ein und sind so von Anfang an konzentriert und aktiv an der Entdeckungsreise des Bücherwurms beteiligt.

## Mit beweglichen Figuren im Kamishibai spielen und erzählen

Eine Ballade vereint lyrische, dramatische und erzählende Merkmale in sich, d.h. eine Geschichte wird mit lebendigen, spannenden, oft auch dialogischen Momenten in Gedichtform erzählt. Balladen eigenen sich deshalb besonders gut zur szenischen Umsetzung – so auch mit Hilfe des Kamishibais!

## Die Ballade vom großen Hai und kleinen Fisch

**Ziel**

- den erzählenden Charakter und Aufbau einer Ballade durch eigenes Mitgestalten spielerisch erfahren

**Vorbereitung**
- je nach Größe des Kamishibais ein Bild mit einer Unterwasserwelt als Kulisse anfertigen
- als *Besetzung* der Ballade einen kleinen Fisch, großen Hai, Mutter Fisch und Mutter Hai, dazu noch ein oder zwei andere Unterwassertiere auf Karton malen, ausschneiden und am unteren Ende von langen Schaschlikstäben oder Drähten befestigen

Das Kamishibai wird zur Papiertheater-Bühne. Das Bilderfach bietet hierfür Platz für die Kulisse und die Fisch-Figuren werden davor an den langen Stäben von oben so geführt, dass ihr Spiel den Inhalt der einzelnen Szenen der Ballade zum Ausdruck bringt. Die Figurenspieler stehen dabei hinter dem Kamishibai. Da sich die gesamte Handlung unter Wasser abspielt, ist ein Wechsel des Kulissenbildes von Szene zu Szene nicht zwingend nötig, aber durchaus möglich. Entstehen bei der Vorbereitung also mehrere Unterwasserbilder, können diese in beliebiger Reihenfolge im Bilderfach des Kamishibais verwahrt und mit jedem Szenenwechsel ausgetauscht werden.

Das begleitende Sprechen der vielen Strophen der Ballade kann von mehreren Kindern im Wechsel übernommen werden. Im Kindergarten kann der Text auch von Erwachsenen übernommen werden, während einzelne Kinder sich ganz auf das Spiel der Figuren konzentrieren und natürlich bei der Gestaltung der Kulissenbilder mitwirken.

Dabei können sich auch schon die Jüngsten an den Unterwasserbildern durch nicht-gegenständliche Gestaltungen mit Blau- und Grüntönen gut beteiligen.

## Die Ballade vom großen Hai und vom kleinen Fisch

*Susanne Brandt nach einer Geschichte von Gilat Shalit*

(1. Szene: Der kleine Fisch und der Hai begegnen sich und spielen schließlich miteinander.)

*Im Wasser schwamm ein kleiner Fisch.*
*Ein Hai schwamm hinterher.*
*Der zeigte seine Zähne schon*
*und glaubte, dass er weit und breit*
*der Allergrößte wär.*

*Kein Wunder, dass dem kleinen Fisch*
*das gar nicht gut gefiel.*
*Doch Not macht auch erfinderisch.*
*Der Kleine sprach zum großen Hai:*
*„Ich weiß ein schönes Spiel."*

*Erst war der Haifisch nur verblüfft,*
*dann knurrte er: „Na, gut."*
*Dann spielten beide stundenlang,*
*sie neckten und versteckten sich -*
*der Kleine hatte Mut!*

(2. Szene: Großer Hai und Mutter Hai.)

*Am Abend fragte Mutter Hai:*
*„Wie war dein Tag, mein Sohn?"*
*Und weil er so begeistert war*
*vom Spielen mit dem kleinen Fisch,*
*erzählte er davon.*

*Die Mutter aber sagte streng:*
*„Mein Junge, hör mal zu:*
*Die Kleinen sind zum Fressen da.*
*Mit solchen Tieren spielt man nicht.*
*Der Fisch ist nicht wie du."*

(3. Szene: Kleiner Fisch und Mutter Fisch.)

*Auch Mutter Fisch war sehr besorgt,*
*wie Mütter eben sind:*
*Sie warnte ihren kleinen Schatz:*
*„Der Hai war immer unser Feind.*
*Nimm dich in Acht, mein Kind."*

(4. Szene: Kleiner Fisch und großer Hai gehen sich erst aus dem Weg, überwinden dann aber ihre Angst voreinander.)

*Gesagt, getan – sie trafen sich*
*beim Spielen nun nicht mehr.*
*Und wenn es ab und zu geschah,*
*dass sie sich doch begegneten,*
*erschraken beide sehr.*

*Da grübelte der große Hai*
*und kam auf die Idee:*
*„Vielleicht kann es auch anders sein:*
*Ich warte hier und freue mich,*
*wenn ich das Fischlein seh'."*

*Der Kleine fand das wunderbar.*
*Er hatte ja schon oft*
*auf ein vergnügtes Wiedersehn,*
*auf Spiele mit dem großen Hai*
*gewartet und gehofft.*

(5. Szene: Beide Mütter kommen zum Schluss dazu.)

*So änderte sich allerhand:*
*Die Angst verflog im Nu.*
*Bald spielten viele andre mit.*
*Und Mutter Fisch und Mutter Hai,*
*die schauten staunend zu.*

## Weitere Tipps

Viele andere klassische oder moderne Balladen, die durch überschaubare Kulissen und Besetzungen das kindliche Spielen und Gestalten nicht überfordern, lassen sich in ähnlicher Weise in einer Kombination aus Figurenspiel und Kulissengestaltung auf der Kamishibai-Bühne vortragen. Gerade diese Form eignet sich besonders gut, um Alt und Jung zu gemeinsamen kreativen Umsetzungsideen und Projekten anzuregen, weil viele Balladen in ihrer Erzählkraft *zeitlos* wirken.

Auch der große Fundus an Kindergeschichten, den jede Bücherei bereit hält, bietet einen wunderbaren Vorrat und Anlass, um durch spielerische und bildnerische Umsetzungen das Gehörte *in Szene* zu setzen und so in handlungsorientierter Weise die Leselust anzuregen.

# Zeichengeschichten – überraschende Türöffner für Märchen und Sachthemen

Zeichengeschichten, eine zugleich einfache und wirkungsvolle Form des bildgestützten Erzählens, sind in verschiedenen Kulturen und Völkern beheimatet, ihre Ursprünge sind heute kaum zu bestimmen. Sie wurden von Generation zu Generation in immer neuen Varianten weitergegeben. Es ist reisenden und forschenden Sammlerinnen wie der amerikanischen Bibliothekarin und Geschichtenerzählerin Anne Pellowski verdanken, dass noch heute an die Tradition solcher *Drawing stories* angeknüpft werden kann.

Das Kamishibai eignet sich besonders gut für die Wiedergabe von Zeichengeschichten. Auf einem Zeichenblock, der aufrecht in das Kamishibai gestellt wird, wird während des Erzählens gut sichtbar vor den Augen der Kinder in einfachen Formen gezeichnet. Solche Geschichten sind oft sehr kurz, lassen sich leicht je nach Situation und Folgegeschichte variieren und bieten sich so als *Türöffner* an, um die Aufmerksamkeit der Kinder auf die nachfolgende Geschichte zu lenken. Charakteristisch für Zeichengeschichten ist das unmittelbare Neben- oder Nacheinander von gesprochenem Wort und Bildentstehung: Während in kleinen Abschnitten erzählt wird, entwickelt sich nahezu gleichzeitig ein Bild – oft in überraschender Weise aus ganz einfachen Formen. Zu den kurzen Textpassagen wird Stück für Stück an einem Bild weiter gemalt, das mit der Zeit immer deutlicher an Gestalt gewinnt. Aus einem oft ganz kleinen und einfachen Anfang entwickelt sich die Form also nach und nach auf dem Papier. Die hier zur Illustration gezeigten Bilderfolgen skizzieren exemplarisch die mögliche Fortentwicklung eines solchen Bildes zu den einzelnen Textzeilen. Dabei unterstützen die Bewegung der Hand und die Klarheit und Einfachheit des entstehenden Bildes – ähnlich wie bei Fingerspielen – das Textverständnis und regen die gespannte Erwartung auf das an, was sich da lebendig vor den staunenden Kindern entwickelt. Nachfolgende Beispiele sind inspiriert von Zeichengeschichten, die Anne Pellowski aus den Erzähltraditionen verschiedener Kulturen in aller Welt zusammengetragen hat. Die Ideen sind erneut für das Erzählen mit dem Kamishibai für die Praxis variiert worden.

**Ziel**
- Interesse, Neugier und Verständnis wecken für das unmittelbare Zusammenspiel von Sprache, Bild und Handbewegung

**Vorbereitung**
- Zeichenblock in der Größe des Kamishibais
- weicher Stift oder Pinsel und Farbe

## Der Schlüssel

*dänisches Volksgut*
*ins Deutsche übertragen und neu erzählt von Susanne Brandt*

*Es war einmal eine Königin, die lebte mit dem König in einem Schloss.*

*Manchmal, wenn die Königin ein bisschen allein sein wollte, machte sie einen langen Spaziergang.*

*Der Weg führte direkt zu einem kleinen See.*

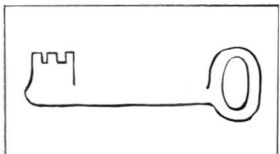

Und in der Mitte des Sees gab es eine kleine Insel.
Es war nicht schwer, dorthin zu schwimmen. Die Insel
war unbewohnt und die Königin konnte hier ganz
ungestört nachdenken und träumen. Sie liebte die
Ruhe und blieb dort bis zum Einbruch der Dunkelheit.

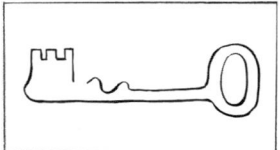

Der Weg zurück führte durch einen dichten Wald mit
vielen Baumwurzeln.
Holper, stolper! Schon lag die Königin auf der Nase!
Sie musste wirklich gut aufpassen, um im Dunkeln
den Weg zu erkennen.

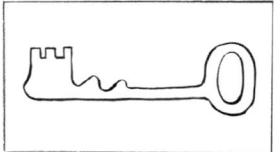

Endlich hatte sie es geschafft!
Sie stand wieder vor dem Schlosstor und suchte in der
Tasche ihres Kleides nach dem Schlüssel. Aber da war
nichts! Sie musste den Schlüssel unterwegs wohl in
der Dunkelheit verloren haben.

Also ging sie nochmal den langen Weg zurück
(mit dem Finger auf der gemalten Linie entlangfahren)
und da: ein Glitzern zwischen Moos und Blättern!
Da war er ja – der Schlüssel!

Nun dauerte es nicht mehr lange,
und das Schlosstor öffnete sich knarrend.
Was sich dahinter wohl für eine Geschichte verbirgt?

### Tipp

Gut einsetzbar als *Türöffner* für Märchen mit Königin und König bzw. Prinzessin
und Prinz, z. B. *Dornröschen* (s. S. 27).

## Pauls Hose

*schwedisches Volksgut*
*ins Deutsche übertragen und neu erzählt von Susanne Brandt*

*Hier wohnt Paul.*
*Und dort wohnt Emma.*

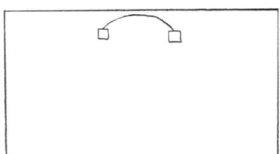

*Emma und Paul sind Freunde.*
*Oft spielen sie zusammen:*

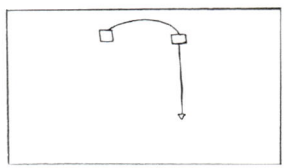

*Gemeinsam rennen sie die Stufen*
*im Treppenhaus runter.*

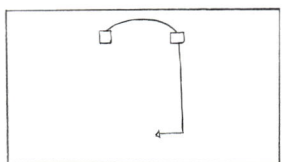

*Sie schauen, was es wohl hinter der Hausecke*
*zu entdecken gibt.*

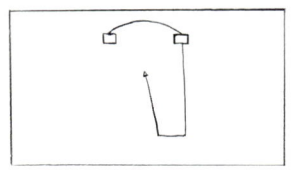

*Sie klettern auf das Dach des Fahrradschuppens.*

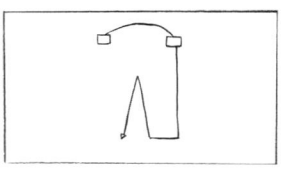 Und – huiii: Diesmal rutscht Paul beim
Runterklettern mit dem Fuß ab und fällt auf den Popo.
So ein Ärger!
Nun ist ein großes Loch in seiner Lieblingshose!

„Komm mit!", schlägt Emma vor.
„Meine Mama kann das ganz schnell wieder heil machen."

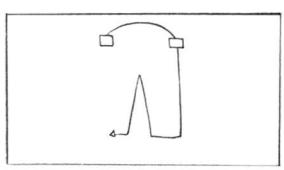 Sie rennen um die Ecke,

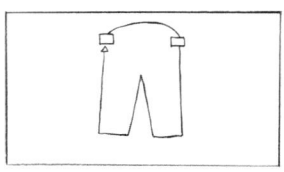 flitzen schnell die Stufen hoch,

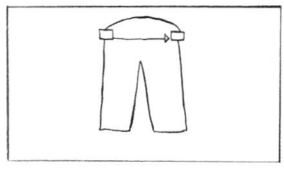 laufen den Flur entlang
und erzählen, was passiert ist.

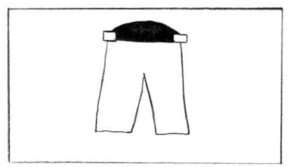 Emmas Mama legt die Hose unter die Nähmaschine:
Rrrrrrrrrrrrrrr – schon ist sie wieder heil!
„Und was machen wir jetzt?", fragt Paul.

### Tipp

Gut einsetzbar als *Türöffner* für die Geschichten von Emma und Paul zu verschiedenen Festen im Jahr, erhältlich als Bildkartenset für das Kamishibai beim DON BOSCO Verlag.

## Unterwasserwelt

*Susanne Brandt*

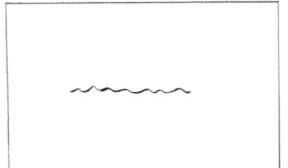

*Es kräuselt sich das Wasser – so...*

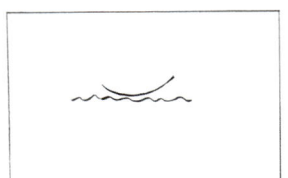

*Ein Schiff tanzt auf den Wellen – so...*

*Dann regnet es vom Himmel – so...*

*Dann hagelt es und schneit es – so...*

*Und ganz unverhofft – wie sonderbar –*

 *ist plötzlich ein seltsames Wesen da!*

*Das erzählt, was dort einst im Meer geschah.*

## Tipp
Gut einsetzbar als Einstimmung in die Unterwasserwelt für *Die Ballade vom gro-*
*ßen Hai und kleinen Fisch.*

# Ein paar Worte zum Schluss

Kunst kommt von Können: Bildgestütztes Erzählen als Kunst- und Kulturform hat eine uralte Tradition. Ich erwähne Beispiele in Europa – Felsbilder der Vorgeschichte, Friese, Fresken, Teller und Krüge bei den Gelagen in der Antike und die Tafelbilder der Moritatensänger. Immer gab es Erzähler, die mit Bildern Geschichten erzählten.

Wer Erzählen und Gestalten kann, dem eröffnet das Kamishibai Freiräume für seine eigene Kunst. Als Beispiel für heutige Erzählkünstler sei Jörg Baesecke und seine kleinste Bühne der Welt (www.kleinstebuehne.de/rebus.html) genannt. Er ist ein professioneller Bühnenerzähler, der das Erzählen und Gestalten von Geschichten für das und mit dem Kamishibai zu seiner *eigenständigen Kunst* entwickelt hat.

Professionell ist das Stichwort: Laden Sie ab und zu professionelle Geschichtenerzähler in Ihre Schule oder Einrichtung ein. Sie und die Kinder werden für Ihr eigenes Erzählen profitieren. Adressen finden Sie im Internet.

# Literatur

Claussen, Claus und Valentin Merkelbach: Erzählwerkstatt. Mündliches Erzählen. Westermann, Braunschweig 1995.

Claussen, Claus: Mit Kindern Geschichten erzählen: Konzept – Tipp – Beispiele. Cornelsen Verlag Scriptor, Berlin 2006.

Hagen, Mechthild und Ludowika Huber: Erzählen und Zuhören an Schulen – ein bayerisches Modellprojekt. In: Erfahrungswissen erfahrbar machen. Narrative Ansätze für Schulen und Wirtschaft. (2005), S. 223–239.

Hüther, Gerald: Die Macht der inneren Bilder. Wie Visionen das Gehirn, den Menschen und die Welt verändern Vandenhoeck & Ruprecht, Göttingen 2004.

Hüther, Gerald: Kinder gezielt fördern. Gräfe und Unzer Verlag, München 2007.

Hüther, Gerald: Wie aus Kindern glückliche Erwachsene werden. Gräfe und Unzer Verlag, München 2008.

Kahlert, Joachim: Storytelling im Sachunterricht. Lernpotentiale von Geschichten. In: Erfahrungswissen erfahrbar machen. Narrative Ansätze für Schulen und Wirtschaft. (2005), S. 207–223.

Köhn, Stephan: Tradition und visuelle Narrativität in Japan. Von den Anfängen des Erzählens mit Text und Bild. Würzburg, 2003.

Kober, Norbert: Könnerschaft mündlichen Erzählens Lehr- und Lesebuch – Worauf es beim freien, mündlichen Erzählen wirklich ankommt. xlibri.de, Sooden-Allendorf 2010.

Las Casas, Dianne de: Kamishibai Story Theater. The Art of Picture Telling. Teacher Ideas Press, Westport 2006.

Merkel, Johannes: Spielen, Erzählen, Phantasieren. Die Sprache der inneren Welt. Verlag Antje Kunstmann, München 2000.

Mitschan, Josef: Das Papiertheater Kamishibai im Einsatz für lesefördernde Kinderanimationen. Projektarbeit. Büchereien Wien 2008.

Pellowski, Anne: Drawing Stories from around the world and a sampling of European Handkerchief Stories. Libraries Unlimeted, Westport / CT, 2005.

Gianni Rodari: Grammatik der Fantasie. Reclam, Ditzingen 2008.

Rost, Hedwig und Jörg Baesecke: Höher als der Himmel, tiefer als das Meer: Ein Erzähl- und Theater-Werkbuch. Verlag W. Nold, Frankfurt 2007.

Say, Allen: Kamishibai Man. Walter Lorrain Books, New York 2005.

Schüler, Holm: Sprachkompetenz durch Kamishibai. Kreashibai-Verlag, Dortmund 2011.

Wardetzky, Kristin: Ein theaterpädagogischer Modellversuch – Erzählen. Alphabetisierung der Fantasie. In: Grundschule, 38 (2006) 9, S. 26-28.

Wardetzky, Kirstin und Christiane Weigel: Sprachlos? Erzählen im interkulturellen Kontext. Erfahrungen aus einer Grundschule. Schneider Verlag Hohengehren, Baltmannsweiler 2008.

# Jesus segnet die Kinder

| | |
|---|---|
| Viele Menschen kamen zu Jesus. | *mehrere Rasseln* |
| Sie wollten hören, was Jesus sagte. Die Menschen brachten Kranke zu ihm, damit er sie heilen könnte oder sie wollten ihn einfach nur sehen. | |
| Einige Menschen brachten auch Kinder zu Jesus. | *mehrere Schüttel-Eier* |
| Jesus' Freunde, die Jünger, wurden sehr unfreundlich. | *Rührtrommel* |
| Sie sagten: „Die Kinder können nicht zu Jesus gehen." | |
| Als Jesus sah, wie seine Jünger so unfreundlich redeten, ärgerte er sich. | *Stielkastagnette* |
| Jesus sagte: „Lasst die Kinder zu mir kommen. Haltet die Kinder nicht auf! | *Becken mit dem Schlägel schlagen* |
| Denn Menschen wie ihnen gehört das Reich Gottes. | *Becken mit dem Schlägel schlagen* |
| Wer das Reich Gottes nicht so annimmt, wie ein Kind, der wird nicht hineinkommen." | *Becken mit dem Schlägel schlagen* |
| Nachdem Jesus das gesagt hatte, nahm er die Kinder in seine Arme. | *Tamburin mit der Handfläche streichen* |
| Dann legte Jesus den Kindern die Hände auf und segnete sie. | |

Mit diese Klanggeschichten verstehen die Kinder die Aussagen der biblischen Geschichte auf spielerische Weise.

88 Seiten, kartoniert, S/W-Illustrationen, mit CD
ISBN 978-3-7698-1893-2

# Instrumente zur Klanggeschichte

**Viele Menschen**
*mehrere Rasseln*

**Kinder**
*mehrere Schüttel-Eier*

**Die Jünger sind unfreundlich**
*Rührtrommel*

**Jesus ärgert sich**
*Stielkastagnette*

**„Haltet die Kinder nicht auf!"**
*Becken mit dem Schlägel schlagen*

**„Menschen wie ihnen gehört das Reich Gottes"**
*Becken mit dem Schlägel schlagen*

**„Wer das Reich Gottes nicht so annimmt, wie ein Kind, der wird nicht hineinkommen"**
*Becken mit dem Schlägel schlagen*

**Jesus nimmt die Kinder in seine Arme**
*Tamburin mit der Handfläche streichen*

# Materialien fürs Kamishibai

EAN 426017951 089 2

EAN 426017951 082 3

EAN 426017951 076 2

EAN 426017951 105 9

EAN 4260179510830

EAN 426017951 074 8

EAN 426017951 075 5

EAN 426017951 050 2

EAN 426017951 043 4

Diese und viele andere Geschichten als Bildkartenset
finden Sie auf **www.donbosco-medien.de**

# Voll praktisch – Bücher für die Krippe

ISBN 978-3-7698-1866-6

ISBN 978-3-7698-1838-3

ISBN 978-3-7698-1837-6

ISBN 978-3-7698-1951-9

DON BOSCO

LEBENDIG. KREATIV. PRAXISNAH.

# Voll Kreativ – Bücher für den Kiga

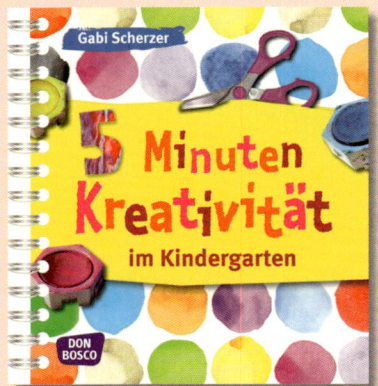

ISBN 978-3-7698-1886-4

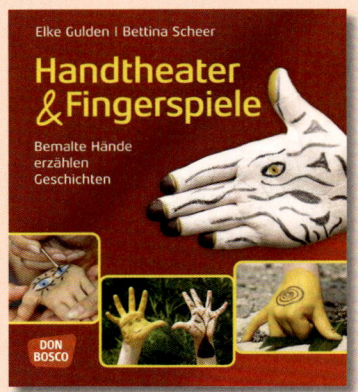

ISBN 978-3-7698-1861-1

ISBN 978-3-7698-1944-1

ISBN 978-3-7698-1926-7

www.donbosco-medien.de

LEBENDIG. KREATIV. PRAXISNAH.